大学生科技创新作品汇编

主　编　贾九斌
副主编　李唯一　李优仁
编委会　刘　晨　贲浩然　闫毓麟
鲁建鑫　杜逸飞　马兴基　王瑞浩
韩　笑　朱云龙　徐梓嘉

哈爾濱工程大學出版社
Harbin Engineering University Press

内 容 简 介

本书收录了哈尔滨工程大学动力与能源工程学院20余项获奖科技创新作品,从项目概述、创新点、关键技术点、市场前景、导师评价、风采展示等方面全方位总结和分享大学生科技创新和学科竞赛技巧,希望在校本科生和研究生可以从本书中获取参赛经验,从而积极参加各项科技创新活动。

本书可供高等院校相关专业学生及对大学生创新创业竞赛感兴趣的人员学习参考。

图书在版编目(CIP)数据

大学生科技创新作品汇编/贾九斌主编. —哈尔滨:哈尔滨工程大学出版社,2022.6

ISBN 978-7-5661-3520-9

Ⅰ.①大… Ⅱ.①贾… Ⅲ.①大学生—科技成果—汇编—哈尔滨 Ⅳ.①G644

中国版本图书馆 CIP 数据核字(2022)第086126号

大学生科技创新作品汇编
DAXUESHENG KEJI CHUANGXIN ZUOPIN HUIBIAN

选题策划 石 岭
责任编辑 李 暖
封面设计 李海波

出版发行 哈尔滨工程大学出版社
社 址 哈尔滨市南岗区南通大街145号
邮政编码 150001
发行电话 0451-82519328
传 真 0451-82519699
经 销 新华书店
印 刷 哈尔滨市石桥印务有限公司
开 本 787 mm×1 092 mm 1/16
印 张 9.5
字 数 245千字
版 次 2022年6月第1版
印 次 2022年6月第1次印刷
定 价 48.00元

http://www.hrbeupress.com
E-mail:heupress@hrbeu.edu.cn

前　　言

大学生创新创业竞赛是针对社会需求和学术问题而举办的比赛，是基于学生的科学文化知识和个人能力素质，通过创新的技术方法、整合的各种资源，寻求方法解决问题的实践活动。此项竞赛能够激发在校大学生创新精神和创新热情，提高人才培养质量。

当前，具有代表性的大学生创新创业竞赛包括“挑战杯”全国大学生课外学术科技作品竞赛、中国“互联网＋”大学生创新创业大赛以及专门针对研究生的中国研究生创新实践系列大赛。

2018—2021年，哈尔滨工程大学动力与能源工程学院有近310个校外创新创业竞赛作品获奖，累计参与学生近1 100人次。为了给在校大学生提供优秀创新创业作品成果展示和经验分享的平台，本书收录了哈尔滨工程大学动力与能源工程学院20余项科技创新作品，包括“挑战杯”全国大学生课外学术科技作品、中国大学生节能减排社会实践与科技竞赛作品研究生能源装备创新设计大赛作品、中国研究生电子设计竞赛作品、TRIZ杯大学生创新方法大赛作品等。

在此，对所有参与学生科技创新的指导教师、学生及相关部门和机构表示诚挚的谢意。

编　者

2022年4月

目　录

“挑战杯”全国大学生课外学术科技作品竞赛

全国大学生节能减排社会实践与科技竞赛

中国研究生能源装备创新设计大赛

中国研究生电子设计竞赛

TRIZ 杯大学生创新方法大赛

“挑战杯”全国大学生课外学术科技作品竞赛

双燃料微型燃气轮机的设计与研发

获得奖项:第十六届“挑战杯”全国大学生课外学术科技作品竞赛国家一等奖
指导教师:王松高级工程师、王忠义教授
团队成员:王瑞浩、张力敏、何羽轩、韩笑、张月亮、严蓝漪

微型燃气轮机(单机功率范围为25~300 kW)是一种新型燃气轮机,燃气初温较低,单机功率在几十到几百千瓦之间,可广泛应用于分布式能源、应急电源、辅助动力等方面,但目前在国内仍没有完全自主产权的微型燃气轮机企业。现有双燃料微型燃气轮机喷嘴为双燃料流道,液体和气体燃料通过不同流道进入燃烧室,其结构复杂、使用寿命短。在使用液体作为燃料时,由于微型燃气轮机燃烧室体积小等原因,极易出现喷嘴雾化效果差、燃烧不均匀的现象。特别是在非设计工况运行时,这些现象的出现将导致燃料的燃烧效率降低、烟气氮氧化物排放增加等问题。本作品设计了一种具有自主知识产权的双燃料微型燃气轮机,创新设计了单流道带有加热功能的双燃料喷嘴(已申请国家发明型专利)。

1 项目概述

采用单流道带有加热功能的双燃料喷嘴的微型燃气轮机不仅可以通过单一流道使用液态和气态燃料,而且可以通过加热器有效提高燃料与空气的掺混效率,提高燃烧的均匀性,阻止局部高温区和局部燃烧不完全现象的产生。本作品基于该喷嘴进行微型燃气轮机整机及各部件的气动设计,自主设计了离心压气机(已发表相关论文)与径流式涡轮进行气动匹配,加工并完成了微型燃气轮机样机测试。

经实验发现,双燃料微型燃气轮机可以稳定自持运行,并且应用新型喷嘴后,微型燃机的燃烧更加均匀,提高了燃烧效率,同时也减少了氮氧化物和颗粒物的排放。

2 创新点

双燃料微型燃气轮机的设计与研发主要具有以下创新点:

2.1 带有预热功能的双燃料喷嘴设计

由于微型燃机燃烧室尺寸小,液态喷嘴雾化、掺混效果成为制约燃烧室设计的一个重要因素。本作品打破常规双燃料喷嘴设计思路,独辟蹊径地设计了一种新型的双燃料喷

嘴，气态和液态燃料采用同一个流道。采用液态燃料时，进入喷嘴的液态燃料与喷嘴壁面进行充分换热，液态燃料被加热汽化后从喷口喷出，省去了雾化、蒸发的过程。同时在燃料加热升温过程中还伴随着燃料裂解，长链分子裂解变为短链分子，有利于缩短燃烧时间，提高液态燃料的燃烧效率，进而提高燃料的能量利用率。采用气态燃料时，经过加热的燃料与空气混合可以减少点火延迟时间，有利于稳定火焰和减少燃烧室长度。

2.2 先进的双燃料燃烧室设计

因为本作品采用了单流道的双燃料喷嘴，所以燃烧室也要打破常规，遵循更先进的设计方法。要在满足燃烧室容热强度的前提下，尽可能减少燃烧室的体积、长度，同时还要满足气态、液态两种燃料的燃烧效率高，燃烧室出口温度分布均匀等要求，这对燃烧室各主要进气孔大小、进气位置提出了较高的要求。本作品首先对燃烧室进行了一维设计，给出了燃烧室各轴向位置上的进气参数；然后，在最优进气组合的前提下进行了燃烧室三维设计，并对设计结果进行了数值模拟。结果显示，本作品的燃烧室结构合理、燃烧区火焰均匀，不存在局部高温区和不完全燃烧区。

2.3 自主设计压气机和涡轮

根据性能指标参数，自主设计压气机和涡轮。由于国内外尚未有该整机尺寸级别的微型燃气轮机，也无相应图纸，因此需要对压气机和涡轮进行自主设计。根据设计指标，通过 NREC 软件设计和 NUMECA 仿真计算，得到了完全自主设计的压气机和涡轮。其中关于压气机，设计者多次修改子午流道、调节叶片厚度分布以及叶片倾斜角的方式，使其同时满足高压比和安全叶片载荷的要求，保证了叶片在高强气流冲击下的使用寿命。而对于涡轮，我们通过采用对蝶形网格、叶轮尾缘网格进行锐化的方法，提高了网格质量，使计算结果可靠，保证了加工的涡轮可满足高温高压环境的使用要求。并且，针对压气机性能计算方法已经申请了软件著作权，针对压气机设计也已发表相关论文。

3 关键技术点

3.1 带有加热功能的单流道双燃料喷嘴设计

自主设计了一种带有燃料加热功能的单流道双燃料喷嘴，并申请了国家发明专利，喷嘴设计涉及传热学、气体动力学、材料学、热力学、燃烧学等多学科交叉，在满足喷嘴结构强度的前提下，尽可能做到结构简单、尺寸小巧、容易加工成型、工作稳定等。本作品设计的多燃料喷嘴采用镍基高温合金（可在 1 500 K 高温下稳定持续工作），可以在燃烧室高温环境下连续稳定工作；喷嘴加热器壁厚 <1 mm，可以保证液态燃料充分吸热变为气态，并保持一定的燃料重整度；结构简单紧凑，对燃烧室流场组织形式的干扰程度较小。喷嘴在实际

工作中经过了实践检验，运行稳定可靠。

3.2 微型燃气轮机气动设计

就设计方法来说，微型燃气轮机尺寸缩小之后，虽然基本的设计方法不变，但是壁面效应的作用会增大，同时还要考虑顶部间隙、低雷诺数、传热等因素对气动设计的影响。本作品利用 Concepts NREC 软件完成一维方案设计、准三维设计和造型，并在设计过程中充分考虑了顶部间隙、壁面效应等因素的影响，最后结合三维计算软件对设计的压气机、涡轮进行了计算，得到了最优气动设计结果。

4 市场前景

(1)为边远地区独立地供电、供暖、制冷。

在民用的燃气轮机中，该燃料喷嘴中的加热器结构能够使液体燃料气化为小分子状态，当燃烧室内部达到一定温度时，可以使部分长链分子裂化为短链分子，减少积碳，提高燃料的燃烧效率。在国家电网难以覆盖的地区，可以使用以双燃料微型燃气轮机为主机的冷热电三联供系统，其综合效率可达 85% ~95%，从而提高偏远地区的生活质量。

(2)为天然气运输的中继站提供动力。

天然气开采地到目的地之间往往有数百千米到数千千米的距离，在输送线路上隔一段距离需要有一个中继站对天然气进行加压，由于中继站多处于偏僻的地区，不能从国家电网获得电力，故采用以天然气为燃料的双燃料微型燃气轮机为中继站提供电能，使之可以独立运转。

(3)公共场所(医院、工厂等)的应急发电装置。

搭载多燃料喷嘴的双燃料微型燃气轮机可使用多种燃料，且启动速度快，拥有较大的单位体积功率，能够很好地适应外部环境变化，可作为公共场所(医院、工厂等)的应急发电装置。

(4)特种军用车辆。

双燃料微型燃气轮机可用于坦克车、导弹发射系统等特种军用车辆或设备。例如，目前美国军队使用的 M－1 燃气轮机坦克使用的是 AGT－1500 燃气轮机，其最大功率为 1 199 kW，转速可达 3 000 r/min；俄罗斯的 T－80U 坦克使用的是 GTD－1250 燃气轮机，最大功率达 920 kW，转速可达 3 300 r/min。燃气轮机坦克相对于普通驱动的坦克来说具有结构简便、机动性强、维修次数少、冷冻性能好、负荷反应快等优点。

5 导师评价

为了降低燃气轮机系统结构的复杂性，提高机组的稳定性，设计了一种能够同时满足多种燃料形式的多燃料喷嘴。该作品以微型燃气轮机为研究对象，设计了一种多燃料喷嘴，并根据燃烧室的具体形式完成了压气机及涡轮部件的气动匹配设计。

该作品完全自主设计，相关内容已申请了发明专利，具有自主知识产权，核心部件组装后完成了联调与点火实验测试。

6 风采展示(图 1.1 ~ 图 1.3)

图 1.1 作品实物图

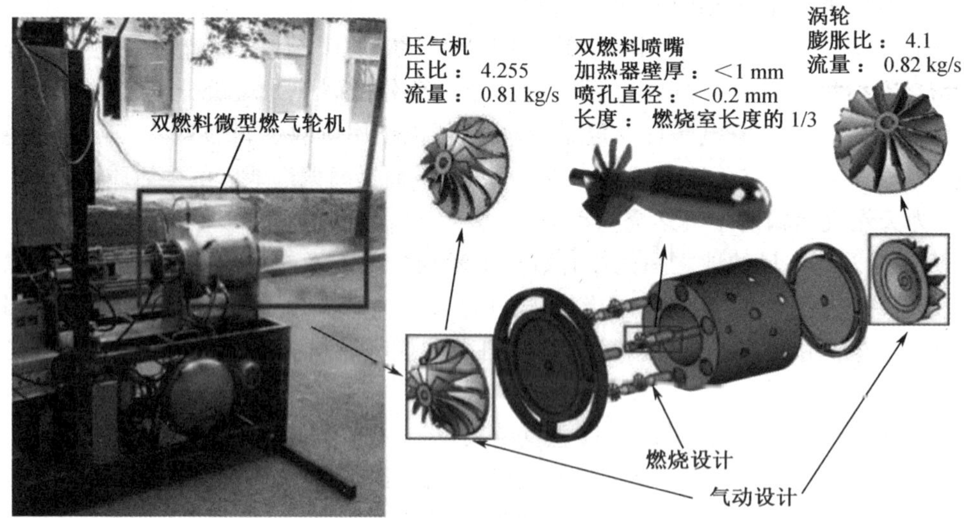

图 1.2 作品原理图

图 1.3 参赛图片

模块化水下管道巡检机器人

获得奖项:第十六届"挑战杯"全国大学生课外学术科技作品竞赛省级二等奖
指导教师:朱元清副教授
团队成员:后启琛、郑淏天、丁屹东

随着海洋石油行业的发展,海上油气资源不断被开发利用,海底管道作为海洋油田生产系统中的重要设施,实现了海上油气的存储、运输等任务,被称为"海洋油气的生命线"。海洋环境复杂,海底海床情况更是变化多样,在这种复杂、不确定性较大的地方,海底管道的安全性受到很大威胁。本作品应用麦克纳姆轮作为管上运动方式,使机器人运动到预定位置后气动抱紧机构抱紧管道,机器人即可在管道上完成沿管运动和绕管旋转观察。

1 项目概述

模块化水下管道巡检机器人的设计要求是根据海底管道外直径和海底的工作状况进行设计,具体要求如下:

(1)实现水中四自由度航行、气动抱紧管道、管上沿管运动和绕管旋转。

(2)海底管道直径 180 mm。

(3)装置工作深度 200 m。

(4)预留作业装置安装位置,便于后期功能拓展。

为实现模块化水下管道巡检,在海流冲击、腐蚀等恶劣环境中作业。作业过程中母船将水下管道巡检机器人释放到工作区域,机器人首先在管道上通过夹紧装置进行夹紧,然后便可以沿着管道自动移动。在作业过程中,由水下电机带动麦克纳姆轮实现管上移动,运动过程、定位功能、悬跨现象检测等由传感器和自动控制系统实现。

模块化水下管道巡检机器人的工作原理具体如下:作业母船将模块化水下管道巡检机器人释放到工作区域,机器人自行移动到管道上方,先是打开 4 个夹紧装置的从动臂,待机器人与管道接触后,4 个从动臂利用气动装置夹紧管道;然后装置的主动轮带动装置沿着管道运动;最终实现设计目的。

该机器人结构设计共有两种常见形式:第一种是全包络式水下管道巡检机器人;第二种是半包络式水下管道巡检机器人。

全包络形式的爬管机器人的优点是对海底管道的卡紧牢固;缺点是其经过的地方管道必须完全悬空,在不悬空的地方不易通过,必须要松开管道重新找到新的管道进行夹持,或者人为制造悬空。半包络形式的爬管机器人的优点是可爬行适用性较强,只要不是管道完全掩埋,就不需要进行松开并重新卡紧的操作,作业自动化实现程度高;缺点是卡紧相对于

全包络式不是很牢固,要承受海流冲击。

针对作业区域海底地形的复杂程度,鉴于近海海床多为泥沙海床,因此半包络式卡紧装置相比于全包络式卡紧装置,在实现作业的适用性和完成爬管移动的效率上都表现得比较好。因此,选择该装置结构设计的思路为半包络式管道巡检机器人结构。

2 创 新 点

2.1 爬行机构设计

在卡紧装置的设计方案中,第一类方案是将装置周向卡紧,使其只能沿着管道周向运动和轴向运动,不会产生第三种运动形式;第二类方案是全向卡紧,使装置只能进行轴向运动。对比两类运动的实现方式和海底管道铺设的实际情况,最终选择对海底管道铺设适用性更强的周向卡紧方式。

管道爬行机构由支撑架、主动轮、从动轮、水下电机组成。主动轮在海底管道的上方,按照中垂线的两端不大于30°布置,这样不仅能保证最好的有效摩擦力,还能保证足够的运动力和移动速度;从动轮布置在水平线以下,保证实现卡紧。主动轮布置在装置主体上,从动轮布置在卡紧装置的活动部件上,随传动部件一起运动,从动部件通过气压缸进行驱动,在运动时始终保持卡紧状态。

2.2 航行机构设计

航行机构采用4组推进器互成90°布置,与航行方向成45°。通过控制4个推进器推进方向与推力,实现航行机构全向移动。垂直方向采用2个垂直推进器,对称布置于机器人两侧,通过转向相反来抵消推进器的旋转扭矩。所有推进器均采用转接板固定在型材外框上。设计时尽量将推进器布置于接近几何中心的位置,以降低重心高度。

2.3 水密舱和耐压舱室设计

水密舱设计分为两个部分,一个是控制水密舱,另一个是电池水密舱。本作品的水密舱采用非充油设计,通过O形圈、接插件实现水密、耐水压和抗腐蚀。水密舱的功能是将电源、电路板、电机等与水隔绝开,并且抵抗潜器在深水中的水压。

圆柱形耐压舱有较好的耐压特性,符合本产品的流线外形。圆柱形舱的两端一般采用半球形的舱盖(不可拆)或者平面法兰舱盖(可拆,依靠O形圈密封)。为了增加结构稳定性,也可以在中段的圆柱形结构内部或外部焊接环形肋骨作为支撑梁。

3 关键技术点

3.1 夹紧机构设计

夹紧机构由活动部分和固定部分构成。

活动部分是由4个夹紧气压缸驱动的部件构成的，这部分部件与不活动的部分通过销轴连接。这根销轴是一根细长的轴，轴的中段穿过装置不活动部分，两端穿过卡紧装置的活动部分。

活动的部分包括卡紧装置还有连接有从动轮以及从动轮的轮套。轮套通过螺钉与活动部分连接，卡紧机构正是通过从动轮实现卡紧。从动轮是与海底管道接触的部分，通过其进行卡紧，不仅能够达到卡紧的目的，还可以利用从动轮是万向轮的优势，避免在轴向和周向运动时对管道摩擦导致的对管道的破坏和装置的磨损。

固定部分是两个倒置的V形架，每个V形架两端各布置一个水下电机，通过水下电机台座的螺钉连接到V形架上，水下电机台座另一端连接另一个水下电机，水下电机通过圆锥销和主动轴相连，利用主动轴带动主动轮运动。主动轮是麦克纳姆轮，与海底管道接触且处于海底管道上方，通过麦克纳姆轮提供对装置的主要支撑力。麦克纳姆轮接触支撑的优点与万向轮相同，均可以起到对海底管道和装置的保护作用。

V形架通过螺纹连接方式与装置下层底板连接，底板是装置的龙骨，其不仅连接V形架，还连接了上层阀箱板、辅袋舱、机械臂。V形架共有2个，采用前后布置的形式。因此，卡紧机构不活动的部分是2个V形架，活动的部分是4个活动臂。之所以选择采用V形架，除了对海底管道具有更好的包络形式外，其设计思想与轮船的龙骨相同，使V形架内侧受力，因此这种设计形式可以提高结构的强度，起到了节省空间、保证强度、减轻材料的好处。

3.2 控制系统构成

中央控制系统是控制潜器航行的心脏，是全部信息的处理、分析、存储中心。其不仅能够指挥其余各子系统工作，也能够接受来自子系统的反馈信息。在硬件上，本作品的中央控制系统采用STM32F103ZET6芯片。

推进器子系统的控制是以潜器运动能否实现及怎样实现为前提的，推进器子系统的设计环节对整个潜器相当重要。在硬件上，推进器控制子系统是无刷电机电子调速器。其能改变无刷电机的旋转方向和旋转速度以及通断电。

推进器控制子系统是一个闭环控制系统，推进器改变潜器运动状态，IMU姿态检测模块测出潜器运动信息并传给中央处理器，处理器通过基于四元数的扩展卡尔曼算法对IMU回传的信息进行处理，得出潜器的空间姿态。结合上位机下发的指令修正发给电机驱动的信号，从而改变推进器转速，形成闭环。然而，推进器没有装配编码器，其不会直接向中央控制系统发送返回量，而是默认执行中央控制系统发送的指令。

4 市场前景

海洋是具有战略意义的新兴开发领域，具有非常大的开发潜力。目前，世界海上资源主要有石油、天然气等，其相应的生产平台以及配套设备数量巨大，遍布全球，作业的海域也日益由近海向深海延伸，这些海上工作平台的安全性和稳定性是首先要考虑的问题。海面以上部分的结构检测相对比较容易，而水下部分的结构检测就显得十分困难。同时水下部分的结构长期被海水浸泡，受到海洋风暴潮、波浪、海流等冲击和腐蚀，海底管道更容易产生结构断裂、开裂等现象，导致原油泄漏，造成严重的经济损失与环境污染。海底管道是海上油气田的生命线，海上油气田的开发导致了海底管道大量使用。海底管道在工作阶段，由于自身和作业环境的影响，部分管道会不可避免地开裂与断裂。因此，快速寻找已断裂、开裂的海底管道的泄漏点，从而进行焊接修复作业，能够减少原油泄漏，降低环境污染与经济损失。

选择麦克纳姆轮的模块化水下管道巡检机器人，是因为其具有灵活的大深度水下运动能力，可装备先进的水下动力、控制、机械及通信系统，能够在潜水员不能到达的深度与不安全的环境下进行水下检测和水下作业，并且工作效率高，抗干扰能力强，能够减少企业运营成本，在海洋工程结构的水下无损检测中得到广泛的重视。

5 导师评价

本作品充分融合了各个学科的特点，针对当前海洋开发领域当中所存在的管道泄漏问题进行了很好的解决，无论是面向各个机构的组合还是对控制系统的设计都需要具备良好的科研能力作为基础支撑，尤其是对麦克纳姆轮的应用以及处理器算法的开发都需要花费大量的精力以及巧妙的思维。在项目立意方面，通过自动化与模块化的方式对海底管道进行维修，能够有效提升当前我国海洋工程的建设效率，具有十分重要的现实意义。

6 风采展示(图 2.1 ~ 图 2.2)

图 2.1 模块化水下管道巡检机器人仿真图

图 2.2　模块化水下管道巡检机器人实际装置图

全国大学生节能减排社会实践与科技竞赛

基于拓扑原理的节能高效双燃料喷射阀

获得奖项：第十二届全国大学生节能减排社会实践与科技竞赛一等奖
指导教师：范立云教授
团队成员：毛运涛、魏云鹏、张琴、齐金磊、张瀚文、陈澳雪、刘洋

随着国际和国内排放法规的日益严格以及燃油价格的不断攀升，再加上天然气产业的兴起，双燃料发动机在市场上的地位越来越重要，燃料喷射系统作为双燃料发动机的关键零部件，其性能直接影响双燃料发动机的动力性及排放性。目前我国仍然未开发出能达到国际先进水平的双燃料喷射阀，限制了我国船舶行业的发展。本作品基于拓扑原理及双燃料喷射阀，针对其工作过程中所涉及的多物理场，对其进行结构设计并开展性能研究。

1 项目概述

本作品所建立的阀的基本结构形式选取直动式的类型；对于阀的进气方式，在保证天然气对阀内腔室的充足供给以及阀整体结构尽量简便的前提下，选取轴向进气方式；进气口布置在铁芯四周成环形分布。图3.1(a)(b)分别为双燃料喷射阀的整体结构示意图、阀内驱动组件结构示意图。所建立的双燃料喷射阀的结构主要包括三部分：燃气进气口、燃气阀驱动组件部分和阀座，其中燃气阀驱动组件部分主要包括铁芯、线圈、衔铁与阀芯。

工作原理：

(1)线圈未通电时，阀芯与阀座处于密封状态。

电源电压未加载到线圈上时，铁芯与衔铁之间并未形成闭合磁通，此时衔铁未受到电磁力作用，燃气阀运动组件部分在铁芯周围复位弹簧的预紧力作用下，整体压紧在阀座上，阀座上的出气环带被阀芯密封。

(2)线圈通电时，阀芯脱离阀座，出气环带打开。

电源电压加载到线圈后，铁芯、衔铁被磁化，二者之间形成闭合磁通，此时衔铁受到电磁力向上运动，阀芯随衔铁一同运动。在阀芯的整个运动过程中，随着阀芯逐渐脱离阀座，天然气会经由阀芯与阀座之间的间隙流入阀座中的出气环带，并流出阀座，天然气喷射阀开始喷气。

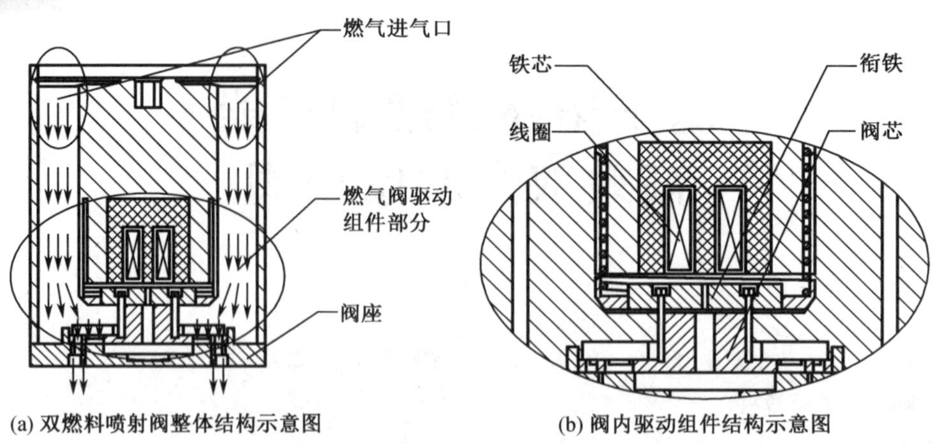

(a) 双燃料喷射阀整体结构示意图　　(b) 阀内驱动组件结构示意图

图 3.1　双燃料喷射阀

(3)线圈断电,阀芯重新密封阀座,出气环带关闭。

在燃气阀向发动机提供的燃气量达到要求时,线圈断电,衔铁受电磁力的影响逐渐减小,在复位弹簧弹力的作用下,运动组件部分整体返回初始位置,阀芯重新密封在阀座上的出气环带,天然气喷射阀停止喷气。

基本思路:

为了解决响应速度和控制精度的矛盾,本作品运用了气动理论,提出了磁网络法和拓扑结构的优化方法,确定了具体结构参数。接下来运用 3D 打印技术将所提出的模型实体化,以便于进一步修改和工厂加工。

作品先进性:

本作品与代表国际领先水平的美国卡特皮勒公司 MaK 双燃料动力系统相比,主要技术指标相当,在燃油替代率、热效率指标上,本作品研制的系统优于国外系统,处于国际领先水平。

2　创　新　点

2.1　永磁高速电磁铁结构的新颖提出

永磁高速电磁铁结构的提出,解决了增加电磁力和降低磁阻的矛盾;由于永磁环与线圈耦合励磁的作用,在不同驱动电流下,其工作磁通大于普通高速电磁执行器。因此,其电磁力整体亦相对较大。电磁力可提升 30% 左右,开启时间基本保持不变,关闭响应时间降低了 11.9%,驱动电流大幅度下降了 40%,焦耳热减少了 51.5%。

2.2 燃气喷射阀的创新设计

设计了满足较高质量、流量和毫秒级别控制的燃气喷射阀；设计了防反向泄露的稳压腔结构；针对燃气喷射系统流量范围大、响应快、静态泄露、反向开启的技术难题，发明了具有防反向泄漏、带浮动阀座、本质安全型的内导向燃气喷射阀。在导向销中心开压力平衡孔，避免衔铁受到轴向力，使衔铁处内外气路压力更易达到平衡。采用轴向直接进气和周向补气孔进气的混合进气方式，增加进气流量系数和进气量，有效地提高了燃气阀的喷气效率。经试验验证，最高供气压力 1 MPa；燃气喷射阀开启时间≤4 ms，关闭时间≤3 ms；燃气静态泄漏率≤0.25%；燃气循环喷气量波动≤2%。

2.3 提出应用于电磁铁组件的优化算法

在对电磁铁组件的优化过程中，提出磁网络法、拓扑结构的结合算法和基于序贯整定组合近似模型的多目标优化方法。以等效磁通剖分为基础，将磁路中分布均匀且几何形状较为均匀的部分划分为若干等效磁通管，各磁通管与磁源通过节点相互连接建立磁网络构架，将抽象的磁场转化为更形象的磁网络模型，集合了等效磁路法和有限元的优点，避免了等效磁路法的大量假设和经验公式。

3 关键技术点

3.1 提高电磁力的同时降低能量损失

在高速电磁阀设计过程中，解决了提高电磁力和降低能量损失之间的矛盾问题；在主、副磁极之间凸缘处设置有径向充磁的永磁环，其产生的磁通与励磁线圈产生的磁通流通方向在铁芯处相反而在衔铁处相同，可以削减铁芯的磁饱和程度以降低系统磁路磁阻，增强衔铁处的磁感应强度，进而可以增大有效电磁力和降低驱动电流，减小系统功耗与线圈发热量。

3.2 建立自主仿真平台实现优化算法

建立自主仿真平台，实现磁网络法、拓扑结构优化算法和在遗传算法基础上改进的基于序贯整定组合近似模型的多目标优化方法；将近似模型技术引入新型高速电磁执行器的优化设计中，同时提出了一种序贯整定组合近似模型以及基于该模型的多目标优化方法，并将其应用于新型高速电磁执行器的优化设计，以实现新型高速电磁执行器高效深度优化。

3.3 实现较高质量流量与毫秒级别控制精度兼容

解决燃气喷射阀设计过程中所面临的满足较高质量流量和毫秒级别控制精度兼容的矛盾。在导向销中心开压力平衡孔,避免衔铁受到轴向力,使衔铁处内外气路压力更易达到平衡。采用轴向直接进气和周向补气孔进气的混合进气方式,增加进气流量系数,增加进气量,有效地提高了燃气阀的喷气效率。

4 市场前景

本作品设计的带有永磁电磁铁的新型燃气喷射阀,通过新型能源天然气对传统能源石油的代替,以及燃油替代率和热效率的提高,经过实际计算,具有显著的经济性优势,明显地减少了石油的消耗,改变了过多依赖外来石油的现状,对我国的能源结构转型有显著效果。与国内现有双燃料燃气阀相比,其具体实质性优势如下。

(1)解决了国内目前双燃料发动机难以满足国际海事组织(IMO)规定的 Tier Ⅲ排放法规的现状。

(2)将燃油替代率提高到96.4%,可在原本基础上减少50%的 CO_2,62%的 SO_2和 NO_2排放。

(3)提高平均有效压力和热效率,在相同动力的要求下,大大减少燃料消耗。

如果作品应用到燃料消耗量更大的船用发动机,那么产生的经济性将会更加明显,同时可以使用 CNG 和 LNG 燃料,应用性极广。同时天然气具有转换效率高、环境代价低、投资少和建设周期短等优势,积极开发利用天然气资源已成为全世界能源工业的主要潮流。通过改进燃油替代率和热效率,每艘船每年可节省20万元。我国是航运大国,仅500吨以上的民用船舶就有20多万艘,且以每年5 000艘的递进速度计算,每年可节约10亿元。采用双燃料船舶发动机可降低 NO_x 排放80%以上,SO_x 和 PM 可达到近零排放;可减排1 323 t 温室气体,排约27 t 的氮氧化物,无须采取后处理措施即可达到 Tier Ⅲ法规要求。

5 导师评价

本作品利用拓扑原理设计双燃料发动机的关键核心部件——燃气喷射阀,提出了永磁高速电磁铁结构并对电磁铁组件进行了优化设计,解决了增加电磁力和降低磁阻的矛盾与响应速度和控制精度的矛盾,提高了双燃料发动机的性能,进而改善了天然气发动机的经济性和动力性。本作品与代表国际领先水平的美国卡特皮勒公司 MaK 双燃料动力系统相比,主要技术指标相当,在燃油替代率、热效率指标上,本作品研制的系统优于国外系统,处于国际领先水平。

6 风采展示(图3.2~图3.5)

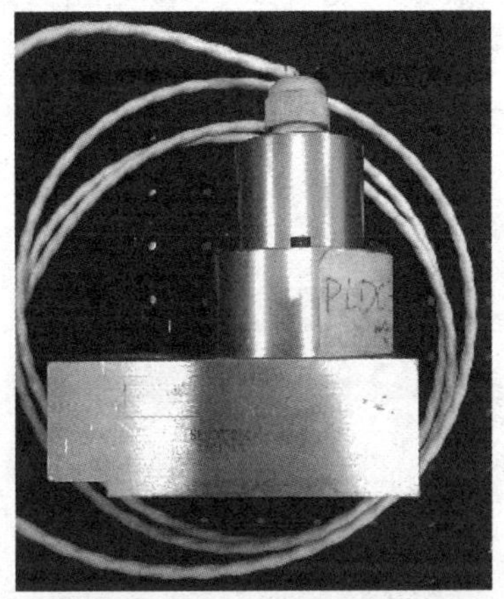

图3.2 燃气喷射装置样件实物图

图3.3 燃气阀的系统实验台

图3.4 电磁阀实物图

节能减排
绿色能源
The 12th National University Student Social Practice and Science Contest on Energy Saving & Emission Reduction

图 3.5　参赛照片

被动式空气源 CO_2 气肥发生器

获得奖项:第十二届全国大学生节能减排社会实践与科技竞赛一等奖
指导教师:葛坤副教授
团队成员:张毅知、谭富升、刘俊廷、周博、韩笑

设施农业技术是我国农业现代化的主要方向,对加快我国农业生产效益具有重要作用。CO_2气肥技术是现代设施农业的重要组成部分,主要是指将CO_2作为一种植物肥料,施加在植物表面,进而促进植物进行光合作用。然而,空气中CO_2浓度极低,常规的CO_2捕集技术存在效率低下、能耗及成本激增等问题。对此,本作品提出了新颖的被动式空气CO_2源富集方案,这个方案可充分利用自然条件实现空气中CO_2的富集,节约能耗,降低排放。同时,由于采用空气作为CO_2气源,与植物固碳相结合,可有效实现CO_2“负排放”。

1 项目概述

设施农业是我国农业现代化的主要方向,而温室CO_2气肥供给系统是现代设施农业的重要组成部分。传统的CO_2气肥供给技术包括液体CO_2法、燃料燃烧法、CO_2颗粒气肥法以及化学反应法,这些技术均存在成本较高、可控性差以及二次污染等问题。因此,本作品设计了以空气为CO_2气源的气肥发生装置。由于空气中CO_2浓度极低,传统的CO_2富集方式存在效率低、能耗大、成本高等问题。本装置采用离子型聚合物功能化材料作为CO_2吸附剂,该材料可在干燥条件下吸附空气中的CO_2;在湿润环境下释放所吸附的CO_2。润湿后的吸附剂可利用太阳光、自然风等进行干燥再生,进而实现对空气中超低浓度CO_2的连续富集。本作品可充分利用自然环境条件,在不消耗外部能源的情况下,实现空气中CO_2的被动式富集。

相比传统的CO_2气肥供给技术,本作品不消耗外部能源,且所有材料均可重复利用,因此有着巨大的节能减排效益;同时,本作品以空气作为CO_2气源,在满足作物生长的同时可实现CO_2的“负排放”。

设计原理:

本作品的核心内容是借助离子型聚合物功能化材料的变湿再生特性,充分利用自然条件,以实现被动式空气CO_2源富集方案。为实现装置的连续运行,其富集流程可分为三个过程,其原理如图 4.1、图 4.2 所示。

(1)吸附过程:采用功能化的离子型聚合物作为CO_2吸附材料,对其改性处理使该材料可在干燥环境下从空气中吸附CO_2。

(2)解吸附过程:吸附饱和后的材料可在润湿后,自动释放高纯度的CO_2气体。

(3)干燥再生过程:为了实现材料的循环利用,需要对润湿后的吸附材料进行干燥再生,为了实现节能减排,该过程可借助自然条件(如风能、太阳能)来实现。

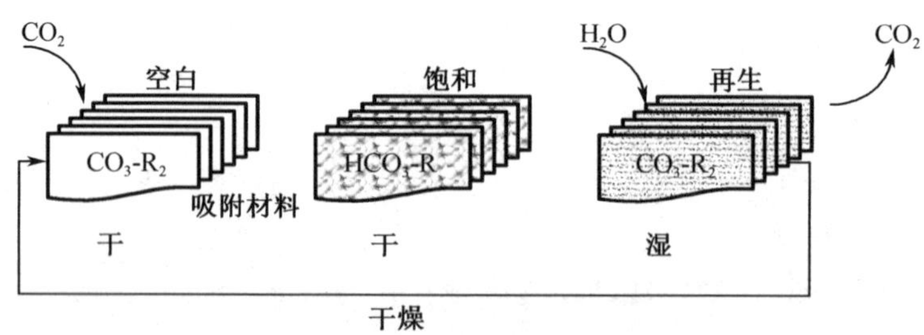

图 4.1　变湿再生原理图

2　创　新　点

2.1　借鉴被动式节能建筑的理念

所谓被动式建筑节能技术,是指以非机械电气设备干预手段实现建筑能耗降低的节能技术,具体是指在建筑规划设计中通过对建筑朝向的合理布置、遮阳的设置、建筑围护结构的保温隔热技术、有利于自然通风的建筑开口设计等实现建筑需要的采暖、空调、通风等能耗的降低。

而该作品正是基于这一理念,充分利用自然条件,尽量不消耗常规能源:以空气作为CO_2气源,得到的CO_2气肥不仅洁净、无污染,同时还可与植物固碳相结合,从而实现CO_2的"负排放"。

2.2　利用CO_2变湿再生富集原理

本作品通过改变环境湿度,控制材料对CO_2的吸附与解吸附。具体为采用新颖的离子型聚合物功能化材料作为CO_2吸附剂,对其水合、扩孔、功能化处理,使其具备可从空气中吸收CO_2的变湿再生特性。而吸附与解吸附均为自发过程,干燥再生可有效利用自然环境中的太阳能、风能。变湿再生富集原理图如图 4.2 所示。

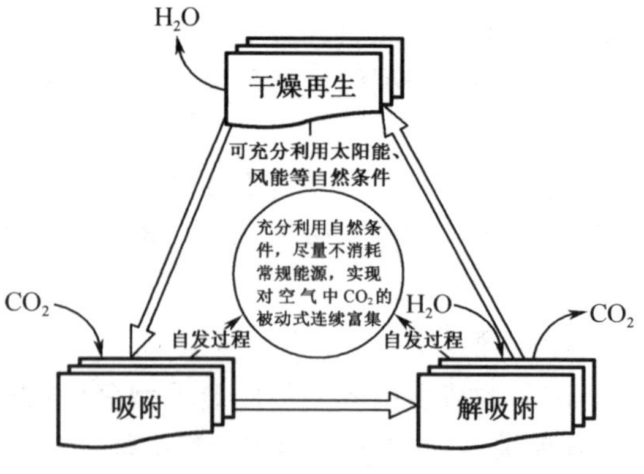

图 4.2　变湿再生富集原理图

2.3 实现 CO_2 被动式富集

在吸附与解吸附均为自发过程，干燥再生可有效利用自然环境中的太阳能、风能的基础上，本作品设计并加工了可升降反应器及可折叠支撑板等附属设备，可在不消耗外部能源的情况下，充分利用环境条件实现对空气中 CO_2 的被动式富集。

3 关键技术点

3.1 具备变湿再生特性的功能化空气 CO_2 吸附材料的制备

新颖的具备变湿再生特性的功能化空气 CO_2 吸附材料是本作品的核心。为了保证材料可以从空气中吸收 CO_2，要求材料具备较高的 CO_2 亲和力；为了保证材料具备变湿再生特性，要求材料具有独特的界面水合水特性。为此，本作品在众多的吸附材料中，选择阴离子交换树脂膜作为原始材料，通过离子交换，其含有丰富的碳酸根官能团，因而具备较强的 CO_2 亲和力；通过水合及扩孔，其含有大量的纳米级孔道及水合物界面，因而具备明显的变湿再生能力。

3.2 被动式空气 CO_2 富集方式的实现

能耗过高是制约空气 CO_2 富集技术的核心问题，本作品的思路是充分利用自然条件，实现空气中 CO_2 的被动式富集。本作品设计并加工了可升降的反应器，通过伸展膜材料，吸附反应可在空气中自发进行；通过收缩并折叠膜材料，解吸附反应可在湿润环境下自发进行；再次伸展支撑板，使吸附材料充分暴露在空气中，可利用自然条件（如风能、太阳能）实现吸附材料的干燥再生。整个过程不需要消耗外部能源，因而可实现空气中 CO_2 的被动式富集。

3.3 吸附—解吸附—干燥再生协同匹配

为了实现从空气中富集 CO_2 的连续运行，需要对整个吸附工艺的各个过程进行协同匹配。本作品通过试验测试及理论计算，确定了最优的吸附时间、解吸附时间以及干燥再生时间，通过增加储气罐，可实现 CO_2 的不断累积，同时为后续 CO_2 气肥的供给和布撒提供便利。

4 市场前景

随着我国农村经济结构和种植业结构的不断调整，我国的设施农业获得了迅猛发展。

据统计，我国大中拱棚以上的设施面积达 370 万公顷，占世界设施园艺面积的 80%。玻璃温室被称为装备水平最高的温室，我国有9 000 公顷，仅次于荷兰，居世界第二位。但设施蔬菜和设施花卉等典型设施农业的单位产量均不足荷兰等发达国家的 15%，这主要是因为我国设施农业技术相对落后，机械化、智能化水平不高。

本作品以空气为 CO_2气源，选用新材料、新装备、新工艺，可实现空气中 CO_2的被动式富集，得到的 CO_2气肥洁净、无污染，符合现代设施农业的发展方向，有着巨大的市场前景和推广价值。

例如，以草莓温室大棚为对象，分析采用该作品方案施用 CO_2气肥之后产生的经济效益。研究表明，施用 CO_2气肥后，温室大棚内草莓的产量及品质均会大幅度提升，每亩①的产量提升 10%左右，可增加产值 1.86 万元。假如所需要的气肥完全由本作品装置提供，其投资成本为 1.5 万元，设备的生命周期为 10 年，由于该装置采用被动式 CO_2富集方案，运行成本可忽略不计，则其年均成本仅为 0.15 万元。综上分析，采用该作品方案施用 CO_2气肥之后，每亩温室草莓每年可增加净收入 1.71 万元。

5 导 师 评 价

该作品具备变湿再生特性的功能化空气 CO_2吸附材料的制备功能，实现了被动式空气源 CO_2的富集方式，并开展了吸附—解吸附—干燥再生的协同匹配，通过实验测试及理论计算，确定了最优的吸附时间、解吸附时间以及干燥再生时间。通过增加储气罐，可实现 CO_2的不断累积，同时为后续 CO_2气肥的供给和布撒提供便利。

本作品提出了新颖的被动式空气源 CO_2富集方案，该方案可充分利用自然条件实现空气中 CO_2的富集，可有效节约能耗、降低排放。同时，由于采用空气作为 CO_2气源，与植物固碳相结合，可有效实现 CO_2“负排放”，不仅节能减排效果显著，而且经济效益更是可观。

图 4.3　可升降反应器示意图

① 1 亩≈667 平方米

6 风采展示(图 4.4～图 4.6)

图 4.4　作品模型图

图 4.5　作品实物图

图 4.6　参赛照片

全自动水油检测无人清污船

获得奖项：第十三届全国大学生节能减排社会实践与科技竞赛一等奖
指导教师：施悦教授
团队成员：马玉成、赵洪飞、王甸、刘嘉奥、陆晓雪、林朝靖、田伟坤

目前，清理海上油污完全是动用人力去处理，由工作人员驾驶清污船前往污染区进行清理，不仅安全性低、时效性差，而且人力资源耗费巨大，同时这种载人清污船存在效率低、速度不足、耗费燃料多等缺点。据不完全统计，每年因溢油事故处理所支付的人工费用高达500多亿元，高薪背后隐藏了极大的工作风险，每年因溢油事故处理遇难人数高达3 000多人。本作品是一艘智能型多参数水质监测采样并自动清理油污的无人船，在恶劣天气下，可代替海事工作人员进行水质监测、油污检测并处理。

1 项目概述

溢油事故发生时，无人船收到指令后以29 kn的最大速度前往事故发生地，在行驶过程中实时监测水质并收集、传输数据到岸边接收基站；到达事故发生地后，无人船先释放围油栏，减少油污扩散面积并富集油层；待撇油机工作完成后，仅剩下薄薄的一层油膜时，创新型菌剂投放装置根据所收到的信号释放相应浓度、体积的油污降解高效复合菌剂，当油污降解率达到标准后，无人船返回基地。无人船在油污检测功能上进行创新，探究短距离的快速污染物检测方法，解决了原有检测方式反应慢、不精准等问题；创新性地提出高效菌剂投放装置和智能控制模块相结合的技术方案，摆脱以人为核心的操作条件，有效地解决了人工投放距离有限、作业范围小等问题，并且投放装置能够根据油污浓度和面积自动调节高效菌剂释放量，实现菌剂资源最大化利用；在船体上实现结构创新，无人船能够实现自主巡航、远程操控等功能，而且运动性能优异，可在短时间内到达29 kn的速度。船体设计上采用有斜度的船底和一对流线型导流体，能够有效地降低水阻、增大稳定性，可在恶劣天气下正常工作。

无人船不仅解决了目前市面上的油污清理船出现的清污面积小、油污处理效率低、经济效益低下以及成本高等问题，而且可以在高危天气下代替海事工作人员正常工作，减少油污扩散面积，降低了工作人员的工作风险和对环境造成的危害。无人船不仅设计成本低，还可以对现有船体进行低成本改造，提供相应的技术方案。在国内政策和市场的大需求量下，无人船应用前景广阔。

2 创 新 点

2.1 新型菌投放装置与高效降解油污复合菌剂相结合的技术方案

高效菌剂投放装置带有智能控制模块，能够根据油污浓度和面积自动调节自吸泵功率和节流阀广角控制高效菌剂释放量、菌剂每秒喷洒的面积，实现菌剂资源最大化利用。动力装置采用ZW型工业自吸泵，保证菌剂可以精准投放到25 m^2 以内的油污表面上。该装置摆脱以人为核心的操作条件，有效地解决了人工投放距离有限、作业范围小等问题。此外，高效降解油污复合菌剂制作成本低，油污降解率可达到90%以上，不会造成二次污染。

2.2 新型红外检测装置与创新型船体相结合的技术方案

船体在高速行驶过程中可实现短距离油污快速检测功能，并根据所检测的结果精准进行布放围油栏、投放菌剂、记录数据并传输至岸边接收基站，为工作人员提供数据参考，大大提高了时效性。船体设计上采用有斜度的船底和一对流线型导流体，能够有效地降低水阻、增大稳定性，使无人船可在恶劣天气下进行自主巡航、远程操控、正常工作。此外，无人船的航行性能优异，可在短时间内达到29 kn的航速。

3 关键技术点

3.1 新型船体结构设计

带有斜度的船底和一对流线型导流体的新型结构船体，可有效地降低阻力带来的影响，短时间内达到高速，以29 kn的速度快速到达油污所在海域，减少油污扩散面积，有效地抵御风浪造成的失稳现象。

设计思路：

(1)带有斜度的船底使得进气口拥有更大的广角，在围壁的密封下，形成一个气垫，从而抬升船体，船体的黏性阻力也因此减少，充足的气流保证了船体能够更快速达到高速稳定状态，让船体拥有更大的升力，减小船体静阻力，不完全依靠排水来航行。因而它可以较为容易地突破阻力峰值，不受排水船型速度的限制，且速度能够达到29 kn。

(2)无人船体有更宽的湿宽度，使得此船波浪增阻系数和运动响应更小，从而在面对纵向波浪时更加稳定。

(3)创新设计的一对流线型导流体既保证了足够的槽道空间，又提供了更大的排水量，阻升比随着排水量的增加总体上呈降低趋势，使得无人船更适合高速行驶。

3.2 油污检测装置的设计

在油污检测功能上进行革新,可实现短距离的污染物快速检测方法,使清污船系统可以在行驶过程中实时检测油污,并且与油污处理系统和通信系统相互配合,最终可根据检测结果进行布放围油栏、投放菌剂等操作。油污检测装置实物如图 5.1 所示。

油污厚度检测的部分优化为连续型阵列检测。在船底设置一个浊度检测阵列,阵列垂直均匀排布,其中,每个单元由一个指向性光源和一个光敏元件组成。在油污厚度检测装置工作时,不同浓度油污对光线具有不同的散射效果。根据单元中光敏元件接收到光信号的强弱,转换为每个单元输出信号的强弱,以此便可以分析出单元所在深度的油污浓度。整个基阵由 N 个单元组成时,便可以实时返回一组 $\boldsymbol{N} \cdot \boldsymbol{N}$ 的矩阵型数据。阵列数据主要用于控制菌剂投放量和决定是否先投放围油栏。阵列检测的优势在于模块化设计,阵列各个单元的深度和灵敏度都可以根据情况进行增减,在快速行驶时阵列还可折叠回收减少航行阻力。油污检测电控方案图如图 5.2 所示。

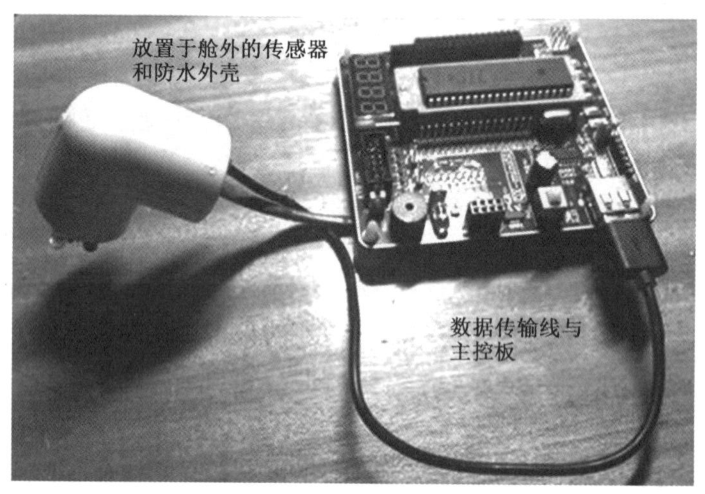

图 5.1 油污检测装置实物图

3.3 菌剂释放装置的设计

菌剂投放结构由菌剂池、自吸泵、混流管、节流阀四部分组成。应用油污降解高效复合菌剂与基于人工智能的控制版块相结合的技术方案,不仅可精准、高效、快速地将菌剂投放到 25 m^2 内的油污表面上,还能有效地解决人工投放距离有限的问题,并能够根据油污浓度和面积自动调节复合菌剂释放量。

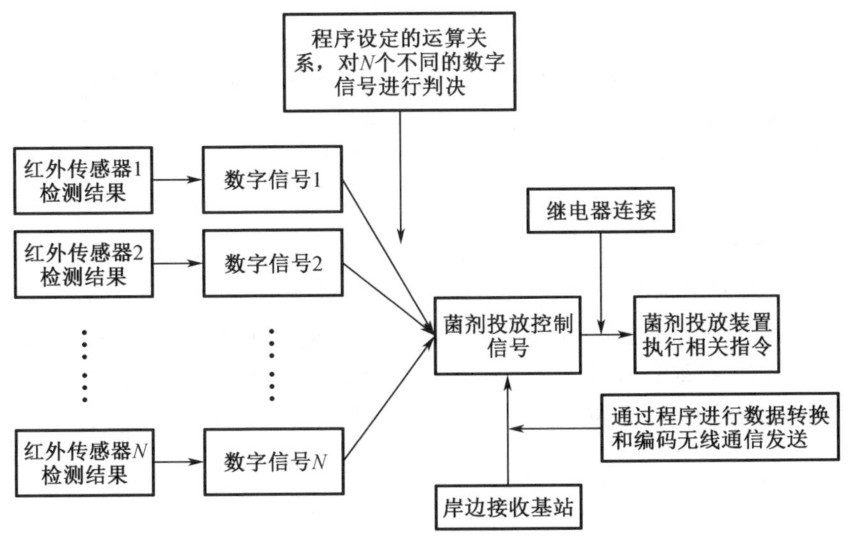

图 5.2　油污检测电控方案图

油污传感器实时检测，当检测到存在油污时，自吸泵 1 立即开始工作，向受污染海域释放菌剂，污染浓度会反馈给自吸泵 2。如果检测到该海域受污染程度不严重，自吸泵 2 开始工作，通过吸水与菌剂整流的方式降低菌剂释放量，以达到节约菌剂使用的目的；如果监测到污染程度达到严重标准，则自吸泵 2 不工作，菌剂以最大浓度释放到受污海域。菌剂释放结构如图 5.3 所示。

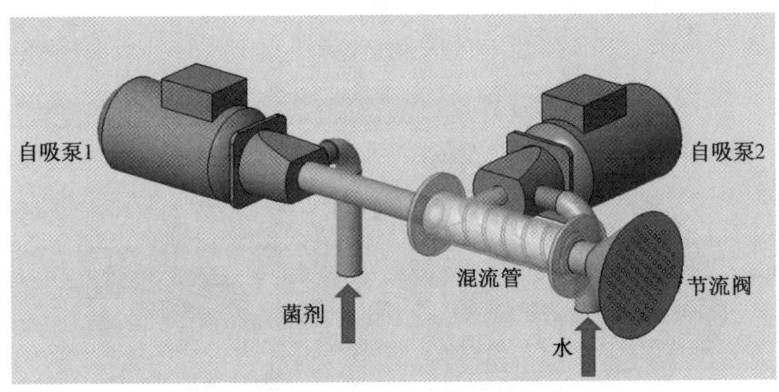

图 5.3　菌剂释放结构图

4　市 场 前 景

全自动水油检测无人清污船采用独特的船体结构，船体设计上采用有斜度的船底和一对流线型导流体，能够有效地降低水阻、增大稳定性，较于相同体积大小的清污船阻力减小 22%，这样设计相较于市面上同体积大小的清污船不仅每海里可节省 14% 的燃料，同时人工智能投放模块和高效油污降解菌剂的有效结合,大大节省了人力、财力和物力,从成本到效率均远远优于现有技术。

全自动水油检测无人清污船在投入使用后,可减少使用90%的工作人员,该装置不仅能节省27万元/吨污油人工处理费用、2.5万元/吨污油节省燃料费用和0.5万元/吨污油维护设备费用,而且保障了船员的人身安全,同时其成本也远远低于市面上的清污船。如果每年能够处理1 000万吨污油,则每年产生的经济效益为3 000亿元,效益巨大。

全自动水油检测无人清污船拥有三大优于市面其他清污船的显著特点:无人船1.0整体结构、智能菌剂投放结构与高效菌剂的配合使用、对水油实时检测及数据传输。无人船的独特结构可使其在高危条件下正常工作;船体设计安装的油污检测装置准确度高、可调性强、抗干扰能力强;智能化模块节省了大量的人力物力资源;所测数据实时传输到收基站并作为菌剂投放降解油污的依据,避免时机延误导致的资源和财产损失。

5 导师评价

本作品是全自动水油检测无人清污船,新型减阻船体搭载创新型油污检测装置和智能模块菌剂投放装置解决了油污清理成本高、人力耗费大、危险系数高等问题,可以在海洋、湖泊油污处理行业以及其他的水质检测行业广泛使用。本作品成本低、低能耗、解放人力,在溢油事故频发和环境危机的今天,将会发挥巨大的节能减排作用。

6 风采展示(图5.4~图5.5)

图5.4 船体整体建模图

图 5.5　船体处理油污工作状态建模图

防泄漏滑油站

获得奖项:第十一届全国大学生节能减排社会实践与科技竞赛二等奖
指导教师:王松高级工程师、王忠义教授
团队成员:后启琛、王瑞浩、李政、何羽轩、严蓝漪

燃气轮机润滑油系统是燃气轮机必备的一个重要的辅助系统。润滑油系统对机械装置(如轴承)的润滑和冷却极为重要,通常在轴承腔外进行气密封防止润滑油外泄,并提供充足的油量来润滑和冷却轴承,防止轴承因摩擦引起的温度过高而损坏。而燃气轮机的润滑系统一直存在滑油泄漏问题,轴承腔不能实现与主气道的完全密封,导致滑油从缝隙处溢出,滑油进入燃烧室被燃烧造成严重的滑油损耗,使得燃气轮机积碳加快,严重影响了燃气轮机的使用以及能源的使用。本作品提出了一个全新的润滑油系统,改变润滑油系统原有正压密封模式,采取负压回油技术,以解决滑油的泄漏问题。

1 项 目 概 述

工信部原部长苗圩在全国工业和信息化创新大会上介绍,“十三五”期间,我国将以组织实施重大科技专项为抓手,持续推进高端装备制造业的发展,全面启动实施航空发动机和燃气轮机重大专项。重型燃气轮机是国家优先发展的10项重大技术装备之一,燃气轮机被广泛应用于电力、船舶、制造业等众多领域,特别是在能源电力工业中。

但燃气轮机的润滑油系统一直存在润滑油泄漏的问题。根据调研,部分燃气轮机润滑油系统泄漏量高达400 L/h。润滑油泄漏不仅造成大量的能源浪费,同时还带来了燃气轮机功率下降、维修周期变短等问题,严重阻碍了燃气轮机的正常工作。从解决实际问题和节能减排的角度出发,本作品提出了全新的燃气轮机润滑系统,解决了实际问题,可实现滑油零泄漏。

本作品通过在原油箱外部加连真空泵,向外抽取空气,对油箱内部营造负压,负压经回油管传递到轴承腔中,从而轴承腔内部压强小于外部压强,达到防泄漏效果。本作品的技术为国际首创(现已申请国家专利和国际专利),回油效果突出,可实现滑油零泄漏,大大减少能源损耗,促进国家燃气轮机技术发展。

2 创 新 点

2.1 国际首创技术,实现滑油零泄漏

本产品技术为国际首创,从根本上解决润滑油泄漏问题,实现滑油零泄漏,节约大量资金与能源。

2.2 结构简单,降低生产成本

通常采用石墨环作为固体润滑剂对缝隙进行润滑,因此对密封系统的技术要求与材料要求很高,造价昂贵。本作品可降低密封系统材料要求,简化密封结构,降低生产成本。

2.3 提高燃气轮机工作性能,延长维修周期

润滑油泄漏进入主气道燃烧造成积碳,降低燃气轮机工作效率,必须定期进行清理,但根据轮机工作环境不同,所产生的清洁费用高达几百万到上千万不等。本作品降低了积碳产生速率,延长了维修周期,不仅节省了大量维护经费,还大力提升了燃机工作性能。

2.4 解决泄漏,解决科研难题

目前国家正在大力发展两机专项,燃气轮机的自主研发已被提上日程。滑油泄漏造成主气道工质发生改变,导致整台燃气轮机工作状态复杂,为科研带来巨大阻碍。本作品可完全防止泄漏,解决了实验时由于滑油泄漏造成的一系列问题。

3 关键技术点

负压调节:本作品主要是通过改变原有正压密封方式,对轴承腔内营造负压来解决原系统滑油泄漏问题,当轴承腔内与外部气压差值不够大时,空气和润滑油在轴边缝隙仍然会产生对流,无法解决滑油泄漏问题,但压力相差过大,会造成大量气体进入,气体产生流场将影响喷油口打靶精度,影响轴承润滑,同时也将增加用电量,造成大量能源浪费。因此,轴承腔内负压大小非常关键。本作品实现须通过实验,确定轴承腔内外最适压强差,根据供油压力 p_1,气流压力 p_2和供油流量、进气流量和回油管流量三者平衡等诸多条理,计算出油箱内理想压强,后通过回油管流量和油管空腔体力计算出真空泵功率。

4 市场前景

全世界使用的工业燃气轮机约有 5 万台，燃气轮机正在形成一个“爆发性增长”的市场。到 2020 年，全国燃气轮机联合循环装机容量将达到 5 500 万 kW，是 20 世纪后半叶已建成同类装机容量的 25 倍。保守估计，仅中国石油天然气集团（以下简称中石油）一家，每年需要的燃气轮机价值就达到了 30 亿元。到 2015 年，国内燃气轮机的市场容量能达到 300 亿元，而国际市场容量则能达到 2 700 亿元。可见燃气轮机将会大量投入使用，而滑油是机器的“血液”，所以提高滑油的利用率极其重要。由于每台燃气轮机的工况、规格不同，滑油的泄漏程度也有所不同。以电厂为例，电厂应用的燃气轮机的压气机为 9 ~ 10 级，而使用的滑油价格在 15 ~ 20 元/L，滑油泄漏量可达 400 L/h，消耗燃油金额达到 6 000 ~ 8 000 元/h，以 0.7 的工况每天机器工作20 h，耗费滑油的成本每天共计 120 000 ~ 160 000 元，每年耗费 4 380 万 ~ 5 840 万元。而本作品的防泄漏率可达 100%，因此可节约大量费用，而这仅仅是一台电厂的一家燃气轮机。

5 导师评价

燃机防泄漏润滑油系统采用负压回油技术，在油箱外部加装真空泵，向外抽出空气，使油箱内产生负压。负压通过回油管传到轴承箱内，则轴承箱内压强小于外部压强，少量空气由缝隙进入轴承腔内。在油箱内的负压作用下，多余滑油和空气被吸入油箱内。因回油管安装在油箱顶部，滑油下落过程中油气分离，从而解决了滑油泄漏问题，实现了滑油零泄漏。

6 风采展示（图 6.1 ~ 图 6.3）

图 6.1 作品实物图 1

图 6.2 作品实物图 2

图6.3　参赛图片

液态氨相变冷却式混合动力热管理系统

获得奖项：第十三届全国大学生节能减排社会实践与科技竞赛二等奖
指导教师：范立云教授
团队成员：毛运涛、邱宇康、李奎杰、杨文翀

随着环境污染、温室效应与能源短缺的加剧，减少碳排放已成为未来节能减排的重中之重。对此，国际海事组织计划严格控制航运温室气体排放，规定到2030年，每一运输单位的CO_2排放量相较于2008年减少40%，到2050年减少70%，逐步朝着零碳目标迈进。在替代燃料开发过程中，可实现无碳燃烧，被认为是可用于发动机的理想绿色燃料的氨气，在应用过程中仍存在火焰传播速度慢、不完全燃烧的问题，限制了氨发动机的推广和发展。针对该问题，本作品提出了柴油引燃、氢气助燃的燃烧模式，提高了发动机运行压缩比，加快了火焰传播速度，改善了热效率，成功设计出液氨-柴油双燃料发动机。该发动机降低了燃料的储存难度和危险性，达到85.7%的燃料替代率，减少了热机的80% CO_2排放。除此之外还设计了基于液氨高汽化潜热相变冷却模式的热管理系统，实现液氨燃烧前的相态转变控制，有效减小空调热泵系统压缩机的功耗。利用热泵实现残余热量的梯级利用，解决在寒冷条件下热机冷启动问题，实现系统能量最优利用，将系统热效率由35%提高到48%，显著提高了发动机的综合性能。

1　项目概述

氨确实是一种可行的内燃机燃料，但长期以来，一直将氨用作氢燃料电池的携氢载体而忽视了其直接作为内燃机燃料的潜质。关于氨在发动机中的应用，国外的研究不仅时间长，在成果上也远超我国。20世纪六七十年代，美国汽车工程师协会（SAE）曾发表了多篇有关氨燃料和氨发动机方面的学术文章。美国从2004年开始，每年举行一次“氨学术交流会议”，其中2008年的会议主题是“氨——美国能源独立的关键”。国外先后将氨成功地应用到从轻型到重型的各种车辆上，其研究发现，在汽油机的压缩比下使用氨燃料，应采用增压技术和废气燃料重整技术来满足发动机的动力性能要求；应用在航天飞机、火箭等设备上，作为动力源。同时，国外对于氨燃烧也进行了较深入的研究，比如当量比和压缩比的选取、混合燃料掺烧等。在排放上，对氨＆二甲醚混合物的燃烧和排放特性，以及氨＆柴油混合物的燃烧和排放特性等进行了研究。

而我国对氨燃料发动机的相关研究尚处于萌芽阶段，国内仅有数例氨燃料发动机方面

的报道——乙炔氨火箭推进剂研究,汽油 & 液化气双燃料发电机组对氨气 & 液化气混合燃料的实验研究,氨 & 正庚烷混合燃料发动机缸内燃烧研究等。研究的范围较国外窄,研究的深度也较国外浅。

针对以上问题,团队设计了基于液态氨高汽化潜热相变冷却模式的热管理系统。以液态氨作为媒介,将间接制氢法、高供给效率燃料电池、柴油 & 液态氨双燃料发动机通过热泵空调系统整合成一体,与氢气相比降低了燃料的储存难度和危险性,为燃料电池的应用提供了一个实施路径;提出了柴油 & 液态氨双燃料发动机,达到 85.7% 的燃料替代率,极大地降低了热机的碳排放水平。同时,结合改进的空调热泵系统,以液态氨作为冷媒,以废气、发动机余热进行能源再利用,显著提高了发动机的综合性能。提出的柴油引燃、氢气助燃的氨燃料发动机形式,在保障较高发动机的输出扭矩和功率的同时,也解决了氨的自燃温度高且燃烧速度较慢的问题,为氨燃料的应用推广提出了可行性路线。

2 创 新 点

本作品以液氨作为媒介,将间接制氢法、高供给效率燃料电池、柴油 & 液氨双燃料发动机通过热泵空调系统整合成一体,与氢气相比降低了燃料的储存难度和危险性,为燃料电池的应用提供了一个实施路径;提出了柴油 & 液氨双燃料发动机,达到 85.7% 的燃料替代率,极大地降低了热机的碳排放水平。同时,结合改进的空调热泵系统,以液态氨作为冷媒,以废气、发动机余热进行能源再利用,显著提高了发动机的综合性能。提出柴油引燃、氢气助燃的氨燃料发动机形式,保障较高发动机的输出扭矩和功率的同时,也解决了氨的自燃温度高且燃烧速度较慢的问题,为氨燃料的应用推广提出了可行性路线。

3 关键技术点

3.1 液态氨反应组模块

在燃料电池应用过程中,氢气储存往往是难点之一。在常温常压下氨为气态,密度为 0.701 6 kg/m^3;增加压力或降低温度,氨都很容易液化。例如常温(25 ℃)加压到 1 MPa,气态氨可转化为密度为 603 kg/m^3 的液体,为了获得相同的能量密度,采用压缩氢气储存,压缩氢需要 136 MPa 的压力。因此,本作品通过低压储罐储存氨气能保障系统内更高的氢元素含量,同时也是氨燃料发动机的燃料源。在氨气储存和供给过程中,要注意泄漏和腐蚀两个方面的问题。作品采用工业碳钢作为关键的腔室和管路材料,注重防水和干燥,以防止较高腐蚀性的氨水形成。主运输管道采用双层管结构,内管外管之间强制通风,并配有传感器进行泄漏检测。

燃料电池是未来新能源发展的必要技术路径,本作品主要是为燃料电池在混合动力系统中的应用提供一个实现方式,实现了能量互补,提出了一种可实施性较强的非直接储存式的液态氨制氢供给方法,具体反应流程如图 7.1 所示。

图 7.1　储氨罐及燃料电池

3.2　氨燃料发动机模块

氨燃料发动机是整个系统的主体,也是本作品的核心内容。本作品的发动机样件在传统柴油机基础上进行改动,在设计过程中明确了以下几点。

(1)氨燃料采用高压直喷,而非低压气体喷射的方式。

(2)采用氨气掺混柴油燃烧的形式,而不是纯氨燃烧的形式。

(3)氨燃料的抗爆性能好,可以采用更高的压缩比。

(4)氨燃料与甲醇燃料相似,具有一定的腐蚀性,对橡胶密封圈和易腐蚀材料阀部件进行替换。

(5)重视整体系统内部氨燃料的泄漏问题,燃料喷射器内设置燃油密封环路。

针对以上设计思路对柴油机进行结构改进,改进内容如下:设置主副油泵,包括高压供油泵和低压供气泵;将原共轨管替换为双层防泄漏管;借鉴柴油 - 甲醇双燃料发动机,改变发动机气缸和缸盖,采用双燃料喷射器;改变 SCR 尾气处理原料来源,充分发挥液氨作用。工作原理图如图 7.2 所示,柴油起到引燃油的作用,氨气的燃料替代率决定了发动机能实现低碳排放的水平。系统结构主要包括供给高、(低)压泵、轨管结构、双燃料喷射器和燃烧室及气缸结构。

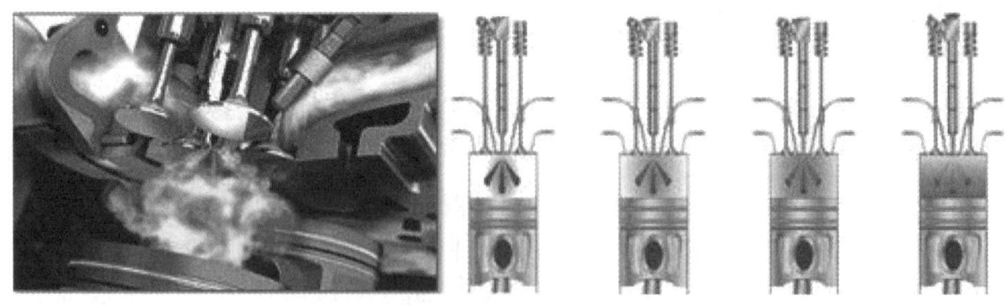

图 7.2　双燃料发动机原理图

3.3 双作用热泵热管理模块

本模块作为系统的热管理模块,实现两项功能:

(1)使液态氨燃料燃烧前相态转变可控,实现液态氨作为整个系统制冷源的功能。

(2)利用热泵实现残余热量的梯级利用,提高系统续航能力。

本作品通过利用电磁四通换向阀将市场上先进的新能源热泵涡旋压缩机和双极变容积比压缩机相结合,实现热管理模块的双作用功能,满足下述需求:

(1)实现动力电池、热机的冷却需求:以具有高汽化潜热特性的液态氨作为制冷剂,即冷源来源之一,因此只需要搭配一个功耗较小的压缩机即可实现系统的制冷需求。同时,对于氨燃料发动机应当采用喷气形式,提前的相变转化可以避免其过程带走燃烧室内的热量,导致不完全燃烧。

(2)实现在寒冷条件下动力电池、热机的冷启动需求:在冬季寒冷环境下,电池有预热需求,热泵系统通过发动机回路将热量吸收并施加给电池,完成对电池的预热,热泵制热模式可进一步细化为三种工作模式。

(3)实现系统热机余热、废气余热等能量梯级利用:第一种是把外界环境作为热源,通过外界冷凝器进行蒸发吸热的传统热泵模式;第二种是通过发动机回路的热交换器进行废热回收,实现热泵制热的工作模式;第三种是利用发动机回路废热和外界环境作为热源的工作模式。而当加热需求难以满足条件时,为了实现乘员舱和电池箱内温度快速响应,直接采用暖风芯体回路的高压 PTC 进行加热。液态氨相变冷却式热管理系统如图 7.3 所示。

图 7.3 液态氨相变冷却式热管理系统

4　市场前景

本作品经过系列化的开发有广泛的应用场合，在船舶与海工领域，由于本作品可在保证功率及扭矩的条件下降低排放，尤其可大幅降低 CO_2 排放，符合最新的船舶排放法规和国家第六阶段机动车污染物排放标准，因此可广泛应用于内河船舶、远洋运输、大型重卡等高排放比重的交通运输工具；在氢能推广产业领域，由于氨燃料储氢含量高及其自身理化特性，产品可实现非直接式对氢能源进行储存运输，从根本上最大限度地提高了氢能产业的经济性；在电机、电池等零部件制造业领域，产品的热管理系统可对电机、电池、各类发动机的燃油系统，以及需要保持一定精度避免较高热量影响的零部件进行热量控制，具有极为广泛的市场。本作品可应用于船舶动力系统，使系统在原有基础上，排放性能更加完善，经济性更加突出。以目前船舶常用动力系统为例，通过调研三种系统并进行对比，我们发现，相比于常规系统，本作品应用于动力系统，在碳排放大幅降低的基础上，每年可节省约 50% 的运行费用。

5　导师评价

该作品是学生在指导老师的帮助下完成的，作品的制作、调试、实践等均由该组成员完成，申报情况属实。该作品成功设计了柴油－氨双燃料发动机，集成了氢气制备、氨气供给以及整机热量优化管理方案。以液态氨为媒介，作为氢气供给源、燃料供给源和整个系统冷源。系统达到 85% 燃料替代率，减少 80% CO_2，SO_x、NO_x 排放满足 Tier Ⅲ 水平。该作品对废气、发动机余热进行再利用，减小空调热泵系统的功耗。预计未来每年可减排 10 亿吨温室气体，节省 10 亿元。

6　风采展示（图 7.4～图 7.6）

图 7.4　轨管结构实物图

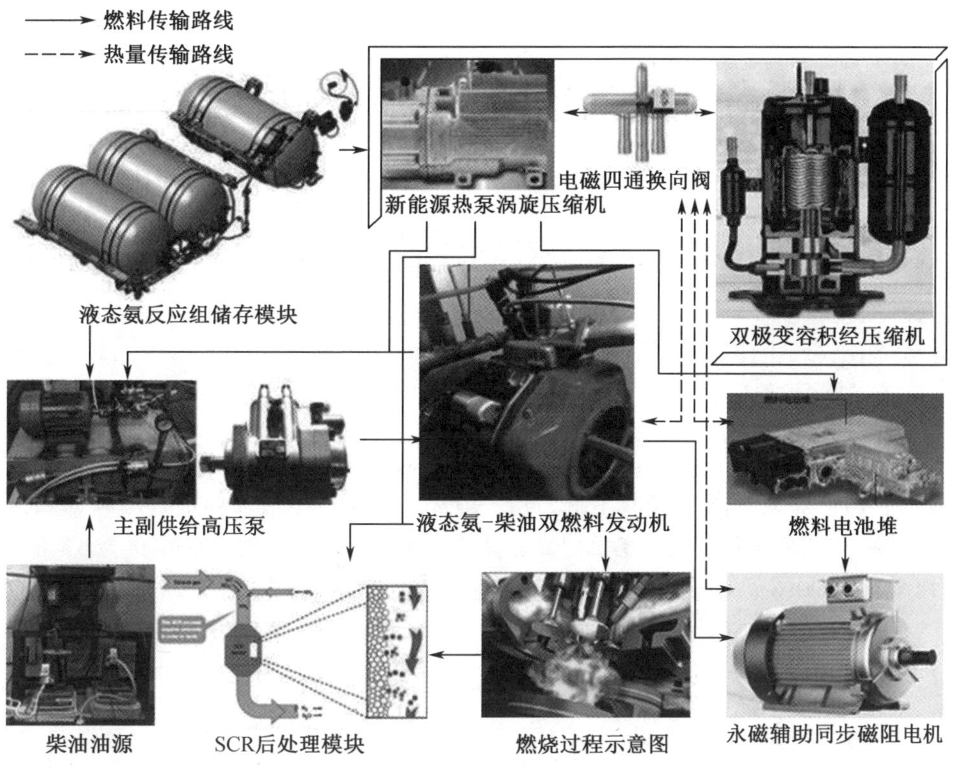

图 7.5　系统示意图

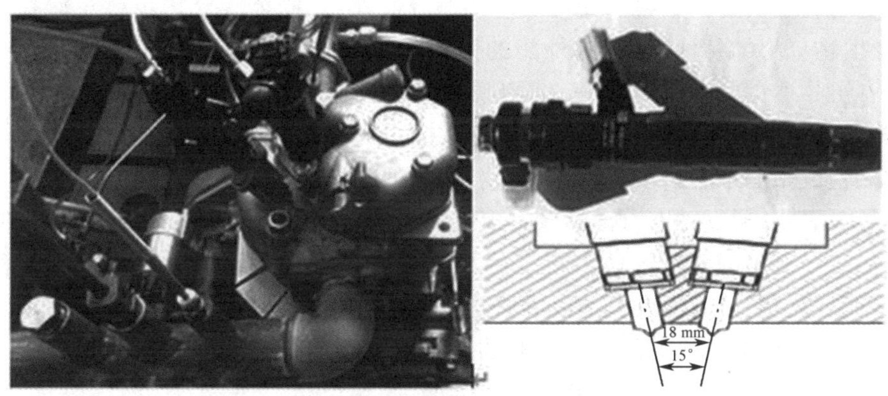

图 7.6　双燃料喷射器实物图

智能化粪尿降解水循环处理装置

获得奖项：第十二届全国大学生节能减排社会实践与科技竞赛国赛三等奖
指导教师：施悦教授
团队成员：胡筵晨、田伟坤、邓璘珑、周扬、陈依林、胡爽

本作品以生态环境现状的痛点为研究契机，面向国家旅游局于2015年发起的“厕所革命”号召。我国污秽处理技术停滞不前，当前90%生态厕所无法准确进行污秽的固液分离，60%的生态厕所采用非菌剂处理方式，但治标不治本，对固体污秽处理率仅为75%，对液体污秽处理率仅为90%。基于此现状，本团队设计了此作品。

1 项目概述

微生物降解原理：好氧微生物的生命活动降解有机废弃物，释放出CO_2、H_2O和热量，最终形成稳定的腐殖质有机肥料。粪污经过动态分离器后，固体废弃物经料斗落入滚筒反应器内，在微生物分泌的各种胞内、胞外酶的催化作用下，易降解的有机物被迅速分解，可溶性小分子有机物透过微生物细胞壁、细胞膜被微生物吸收利用；附着在微生物体外的不溶性大分子难降解有机物也被逐渐分解，微生物把一部分有机物转化为腐殖质肥料，并把另一部分转化合成新的细胞物质，维持微生物自身的生长繁殖。

项目基本思路：通过动态分离器及其电控装置控制每次工作定量分离出60%的含水率的固体污秽。分离出的液体污秽由新型污水处理单元处理后回用于冲厕和反应容器的加湿，实现水循环利用；分离出的固体废弃物进入反应容器，通过电控系统控温控湿。在梨形滚筒反应器中，固体废弃物的反应处理时间和出料时间由人工神经网络（Elamn）智能预测。

动态分离器主要由断续螺旋、条状楔形筛网、减速电机、进料装置、液体收集装置、调压卸料盘和机架组成。中心轴的螺旋推进、挤压作用，使粪污中的液体污秽通过楔形筛网流出，经液体收集装置流入膜生物反应器；固体有机废弃物随着螺旋叶片推进至调压卸料盘，从环隙排出，落入梨形滚筒反应器。动态分离器与其他固液分离设备相比，其设备原料适应性范围广、处理效率高、含湿率高低可控，维修费用低、可靠性高。

反应器是整个生物厕所的核心部分，梨形滚筒反应器解决了大多数反应器存在的物料分布不均匀、存在搅拌死区、搅拌易缠绕、进出料流程复杂、处理效率低等问题，并基于废弃物最小排放和可回收物质最大限度再生利用的原则，采用收集、运输与处理相结合的方式对新型反应器进行设计，其搅拌无死角、有效容积大、物料水分与温度分布均匀、温湿度与通风量可控。

反应器通过齿轮传动以及两台直流减速电机完成控制逻辑。反应器外覆加热带，通过导管上安装的温度传感器、集成温控装置利用 PID 算法保持反应器温度为 55 ℃左右，且显示屏上的相关温湿度数据可通过按钮切换，观察反应容器内部不同的温度和湿度，而直流电机的转速通过 PWM（脉冲宽度调制）进行调控。筒体内安装湿度传感器，通过加湿装置保持反应器物料的含水率为 60%，为细菌提供合适的反应环境。

2 创 新 点

2.1 创新机械结构

通过创新机械结构对粪尿实时分离并控制湿度，突破了粪尿动态分离的技术瓶颈。螺旋轴结构设计结合了生态螺旋厕所运行工况，进料量、含固率不稳定，本作品初选用三段变距、断续式、双头螺旋叶片。断续式变距设计等效于在不同区域内控制物料压力，降低了挤出物含水率，提高了转速。双头螺旋可增加有效压缩面积，防止物料回流。本分离器采用条状楔形筛网取代圆筒筛，可显著提高筛网强度、刚度、处理速度，有效降低筛网堵塞的概率。条状楔形筛网间隙为 0.75 mm，考虑配合公差，因此筛桶直径定为 82 mm。保证分离效果的同时，将筛网的磨损降到最低。为了控制挤出物的含水率，本装置在卸料口设置了调压卸料盘，由弹簧和调节螺杆组成。调节螺母位置，改变卸料口压力，可得到相应湿度的物料。

2.2 微厌氧污泥量技术

固体废弃物处理使用特别驯化高效复合菌剂，液体废弃物处理采用微厌氧污泥量技术、高效氮磷去除技术和基于人工智能的控制模型相结合的技术方案，效果极佳。对比实验室得到的新型菌种与未经处理的原始菌种、市场上买到的 EM 菌剂对好氧堆肥效率的影响，本作品设计了微生物连续接种好氧堆肥实验，探究在不同菌剂下化学需氧量（COD）降解、固氮（TN）、除磷（TP）、发芽指数（GI）的稳定时间及其变化率。实验室菌剂除磷率达到 38.5%，物料含氮量干重稳定在 4.18 mg/g，GI 指数在第 8 天与第 9 天开始出现稳定趋势并维持在 100% 左右，COD 含量稳定在 90 mg/L。由此得出结论，作品设计的菌剂 COD 降低率更好，TN 去除率更高，TN 能力更强，堆肥 GI 更高，处理效果优于 EM 菌剂，远胜原始菌种。

2.3 深度学习 Elamn 函数

通过 PID 算法控制菌剂反应的温度，深度学习 Elamn 函数、辨识反应模型，找到最佳出料时间和反应时间。Elamn 神经网络是一种典型的局部回归网络，由输入层、隐含层、连接层和输出层组成。结构上的连接层，用于构成局部反馈，连接层的传输函数为线性函数，但是多了一个延迟单元，因此连接层可以记忆过去的状态，并在下一时刻与网络的输入一起作为隐含层的输入,使网络具有动态记忆功能,因此非常适合时间序列预测问题,非常符合本作品的需求。因此,本作品决定用 Elamn 函数预测污水处理系统中可能出现的故障以及好氧堆肥反应时间和出料量,以保证系统的稳定、高效运行。

3 关键技术点

3.1 粪尿动态分离技术

粪尿动态分离技术:通过创新机械结构控制分离出的固体污秽为 60% 的含水率。动态分离器可有效解决目前生态厕采用的水泡粪处理工艺所存在的粪污含水率过高、微生物系统崩溃、耗水量大、限制如厕人数等问题,其设计主要由断续螺旋、条状楔形筛网、减速电机、进料装置、液体收集装置、调压卸料盘和机架组成。反应器的设计选用混凝土搅拌运输车为参照进行优化,筒体设计为锥筒形,由筒体前锥、中间柱体与后锥三部分组成。筒内设置两条 180°相交的右旋螺旋导流叶片,叶片在锥体部分采用螺旋角为常数的对数螺旋叶片。整个筒体置于拖轮之上,筒体顺时针旋转反应,逆时针旋转出料。筒体为中空无轴结构,中心轴线处设有进气管。该反应罐搅拌系统解决了搅拌桨搅拌不均匀、存在流动死区以及发生物料缠绕的问题,同时还可以增加微生物与氧气的接触概率,提高生物反应速度。

3.2 增强去氮处理效果

本作品增强去氮处理效果,使粪便中的有机物达到有效降级,膜污染率低、厌氧污泥量少、脱氮除磷效果好。本作品所研发菌剂除磷率达到 38.5% ,物料含氮量干重稳定在 4.18 mg/g 左右,GI 指数在第 8 天与第 9 天开始出现稳定趋势并维持在 100% 左右,COD 含量稳定在 90 mg/L 左右。设计实验研究得出如下结论:不同的物料配比对堆肥效果的影响并不显著,但考虑到 4∶1 时粪便处理量较大,因此,大致认为 4∶1 为最佳物料比,确切物料比通过算法的预测获得。最终得出最佳组合为 55 ℃、60% 含水率与 4∶1 的物料比,菌种的最适 pH 为 8.5。通过比例控制算法、积分控制算法、微分控制算法,有效解决容器实时温度在目标温度附近不断摆幅的问题,具有强大的自学习能力和自适应性,适用于多元非线性预测,符合粪尿处理预测的需求。分离器和反应器电控装置在控制温度方面采用了 PID 控制算法,温度控制更为平稳。Elamn 函数具有强大的自学习能力和自适应性,结构简单,收敛速度快速,可用于多元非线性预测,具有鲁棒性与容错性出众等优点,用 Elamn 函数预测污水处理系统中可能出现的故障以及好氧堆肥反应时间和出料量,可以保证系统的稳定、高效运行。

4 市场前景

本作品中装置模块化设计、安装完毕,外界供电后便可投入运行,可根据高峰时段移动布置,可应用于景区、公园等区域的临时无污染厕所或者船舶等大型移动交通工具。其灵活性是同类产品所不具备的,设备能达到较高的降解效果,可行性高,生产成本仅为现有生态厕所的1/10,应用前景广阔。

智能化粪尿降解水循环处理装置生产成本共计2.53万元。按国家计划建设2万座生态厕所计算,应用本工艺运行15年可节省运行维护资金240亿元,具有较大的经济效益。

本作品中的装置实现水循环,零排污,少产肥。本生态厕所一组一厕投入使用后,使用1个月便可节水近30 t,每年可分解消灭粪尿14~15 t。本作品处理效果符合:《粪便无害化卫生标准(GB 7959—1987)》《城市污水再生利用 - 城市杂用水水质(GB/T 18920—2002)》、"生活污水处理装置排放标准和性能实验导则"(IMO. MEPC. 227(64))三大标准。

5 导师评价

(1)该粪尿处理装置利用微生物进行处理,其中采用的菌群为团队首创,具有高效性,可以有效节省成本。通过对出料进行各种化学检测,各项结果表明出料中无各类有害物质,各项指标符合国家标准,不会对环境造成破坏。

(2)该装置可以有效对粪尿进行分离,对现阶段技术进行改良,合理控制反应过程中的湿度,对堆肥环境中的氧气浓度进行提高。

(3)自主研发了微厌氧污泥量技术,应用于水处理装置,脱氮能力提高约20%,且与同类产品相比整体反应体积没有增加,同时成本大幅减少。

综合来看,该作品创新点较多,对生态厕所技术有较大改进优化。可以配合国家生态厕所战略做进一步推进,可以在环保领域做出卓越贡献。

6 风采展示(图8.1~图8.3)

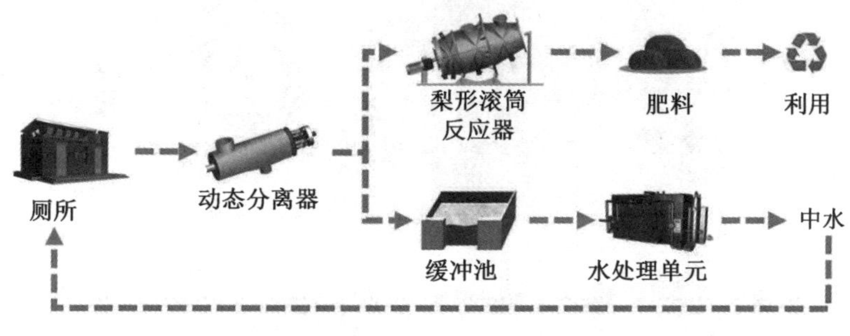

图8.1 作品原理图

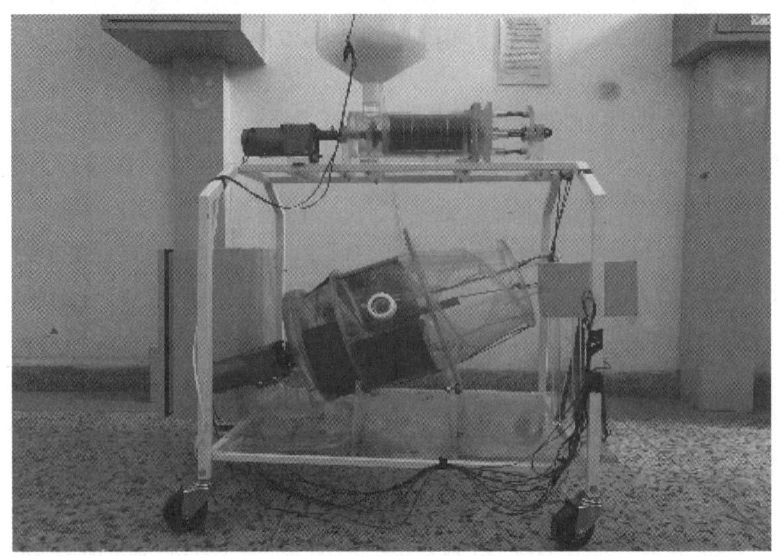

图 8.2　作品实物图

图 8.3　控制电路

基于 MXC 发酵的高效微藻产油系统

获得奖项：第十二届全国大学生节能减排社会实践与科技竞赛三等奖
指导教师：施悦教授
团队成员：胡筵晨、田伟坤、邓璘珑、周扬、陈依林、胡爽

本作品以能源现状的痛点为研究契机，正面当前能源紧张的现状。随着化石能源的大量消耗及利用所带来的环境问题日益严重，生物柴油作为一项可再生能源广受关注。微藻油含量丰富，是普通植物油含量的 15 ~ 20 倍，是世界研究生物柴油提取的热点。然而，就已有技术而言，生物柴油生产成本是制约其发展的关键因素，同时油脂提取效率限制着此技术的推广，现有技术存在提取率较低的缺陷。除此之外，现有技术具有油脂生产效率低、能耗高，产油过程容易对环境产生二次污染等缺陷。基于此现状，本团队设计了此作品。

1 项目概述

本作品主要技术和关键理论依据如下，生物加氢有两种路径：

第一种路径为将不饱和键直接转化为饱和键，该过程中氢气（H_2）作为电子供体，不饱和长链脂肪酸中的碳原子数量保持不变。直接生物加氢的一个例子，将 C_{18}:1 还原为 C_{18}:0。

$$C_{18}H_{33}O_2^- + H_2 \longrightarrow C_{18}H_{35}O_2^-$$

丁酸弧菌属和假丁酸弧菌属可直接对 $C_{18}:2n-6$ 和 $C_{18}:2n-6$ 进行生物氢化 $C_{18}:3n-3$ 到 $C_{18}:0$。

第二种路径是通过 β－氧化将一个不饱和长链脂肪酸损失两个碳原子转化为饱和长链脂肪酸，如 C_{18}:1 转化为 C_{16}:0。

$$C_{18}H_{33}O_2^- + 2H_2O \longrightarrow C_{16}H_{31}O_2^- + CH_3COO^- + H_2 + H^+$$

这个过程不消耗氢气并且产生氢气。消耗醋酸盐和氢气可以在热力学上促进该反应的进行。两种生物氢化途径的脂质保存方式不同，因此，进行 β－氧化则通过两个碳原子的损失会减少饱和长链脂肪酸的链长度。如果多个 β－氧化过程发生，将使长链脂肪酸转化成短链脂肪酸。

本作品设计思路及目标功能如下：对生物柴油的提取采取电发酵方式，用经筛选后的细菌破除藻类细胞壁提取脂质，并降解掉糖类、蛋白质，通过细菌发酵提取柴油。

第一阶段使用 MFC 模式，操作时向反应室阳极加入活性污泥与营养液，并除氧、培养、富集，以保证细菌在阳极碳毡上充分生长，经一个周期后结束。

第二阶段使用 MEC 模式，在细菌生长充分后，反应器中的液体将被放出并加入细菌进行催化，同时更换新的阴阳极液，除氧。在细菌的催化作用与外加电极 MXC 的作用下设备可更加高效地去除细胞壁和细胞膜让其营养物质流出，并且细菌还能够分解糖类和蛋白质。

最后在发酵罐上层，分别将氢气和产生的油流出，发酵液将从反应器下部流出进入混流器，在混流器中与萃取液进行充分混合。待液体发生分层后将萃取剂和油的混合物通入油水分离器中，分离得到生物柴油。

2 创 新 点

2.1 MXC 细菌破壁取油

相比于现有的预处理方法（通常采用添加化学药剂的方法），我们采取的细菌破壁可更有效地降解纤维素、蛋白质和糖类；发酵结果优异，发酵结束后油脂保存量高达 93.2%。除此之外，其不仅极大地降低了生产成本，而且减少了化学药剂造成的污染，在工艺流程中运用低毒性湿萃取技术，采用甲烷异丙醇萃取剂，增强环境友好性、简化工艺流程、降低能耗与成本，大大提高了该装置的推广可行性。设计混合装置使得产出的油和萃取剂充分混合且节省时间。流体自然进入混合器，在混合器内沿轴向运动的同时，在截面内产生两种方向的旋转运动，管中心处与混合元件的旋向相同，接近管壁处与混合元件的旋向相反。以此达到萃取剂和油水混合物快速混合的目的。经检测，混合效率可达 90% 以上，且和手动混合相比可节省 20% ~30% 的萃取剂用量，其中萃取剂经过喷射器射入。

2.2 生物加氢不需要从外部引入氢气

较现有方法而言，1 吨生物柴油加氢处理节省用电 8 度，节省氢气用量，并且并不使用 $CoMo/Al_2O_3$ 等化学药品，成本大大降低。采用 MEC 发酵，氢离子克服了热力学阻力透过质子交换膜。而本装置由于使用了微生物催化，脂肪酸酯的饱和度由 26% 提升到了 78%，提高了燃料的氢碳比，燃烧条件在很大程度上有了改观，减少了二氧化碳的排放量并提高了燃料的热值。催化加氢可以使脂肪酸酯剖面更加饱和和理想，但是它增加了生物燃料生产的巨大成本。催化加氢的替代方法是微生物加氢，在以厌氧污泥为接种物的生物质 MXC 发酵过程中观察得到。

2.3 实现产油产氢产电多产能

第一阶段的 MFC 模式，操作时向反应室阳极加入活性污泥与营养液，培养、富集，以保证细菌在阳极碳毡上充分生长，收集此过程中产生的电能。第二阶段的 MEC 模式，在细菌生长充分后，反应器中的液体将被放出并加入微藻细菌进行催化，同时更换新的阴阳极液。

在细菌的催化作用与外加电极 MXC 的作用下，设备可更加高效地去除细胞壁和细胞膜让其营养物质流出，并且细菌还能够分解糖类和蛋白质。在设计装置的上层，将产生的氢气引出，发酵液将从反应器下部流出进入混流器，在混流器中与本作品选择的低毒性萃取液进行充分混合。待液体发生分层后将萃取剂和油的混合物通入油水分离器中，分离得到生物柴油。

3 关键技术点

3.1 MXC 厌氧微藻发酵

菌剂来源环保，通过装置设计及生物原理从污泥中选择出合适的菌剂进行培养，属于土著培养，不对环境造成污染且对污水进行了部分程度的处理，因此降低了预处理成本，用细菌破除微藻的细胞壁技术以取代传统反复冻融法、机械破壁法、酶催化等高耗能高污染破壁技术，从价格到反应条件提供的难易程度再到破壁程度，本作品中的破壁方法均优于其他方法，并且采用外加电源使得反应效率更高，破壁效果更完全。实验表明 MXC 发酵非脂质物质余量最少，蛋白质和碳水化合物损失的 COD 的主要接收器是 SCFA，MXC 发酵消耗非脂质物质更多，剩余脂质更多，与未处理组对比，本作品采用的发酵方式油脂产率高、副产物更低，发酵结束后油脂保存量高达 93.2%。

3.2 低碳醇生成脂肪酸酯

利用动植物油脂的低碳醇在催化剂的作用下经酯交换反应可生成脂肪酸酯。生物柴油的合成需要催化剂的参与，存在于生物中的酶无疑是一个好的选择。采用生物加氢技术取代原有高成本、高能耗且容易造成二次污染的化学加氢技术，提高油脂饱和度和质量。本作品采用的发酵技术较现有发酵技术而言具有很高的饱和油脂产油率，高效有发酵方式52%，高的油脂饱和度使得二氧化碳排放降低，加氢过程成本低、能耗小，较现有方法而言，1 吨生物柴油加氢处理节省用电 8 度，并且并不使用 $CoMo/Al_2O_3$ 等化学药品使得成本大大降低。此外，本作品所用萃取剂较常用萃取剂更环保，这样便减少了二次污染，萃取装置设计流体自然进入混合器，在混合器内沿轴向运动的同时，在截面内产生两种方向的旋转运动，管中心处与混合元件的旋向相同，接近管壁处与混合元件的旋向相反，以此达到萃取剂和油水混合物快速混合的目的。经检测混合效率可达 90% 以上，且和手动混合相比可节省20% ~30% 的萃取剂用量，其中萃取剂经过喷射器射入。

4 市场前景

该系统生产成本仅为 2 376 元/吨，现今市面上的主要生物柴油原料为菜籽油、大豆油与废弃油脂,以某公司为例,其菜籽油价格约 5 600 元/吨,国产的废弃油脂油的成本约在 4 704 元/吨,棕榈油综合成本约在 4 760 元/吨。

按照生物柴油 B5 标准,2019 年我国大约需要 1 024 吨生物柴油。但是目前生物柴油只有 160 多万吨,若将本系统广泛应用于现有的生物柴油生产行业,则能够填补生物柴油的空缺,每年可节省成本约为 387 亿元。

污染减排效益显著的生物柴油在环境承载力低的高原地区推广应用十分重要,生态环境部环境规划院环境政策部副主任董战峰说,生物柴油急需找到一个市场突破口。

经过对各种柴油机的研究,从这一角度看,生物柴油的一氧化碳和二氧化碳排放量仅为化石柴油的 10%,在全工况条件下,相比石化柴油,在云南省通过对重型货车使用不同种类油品(国六柴油、B5 生物柴油、B10 生物柴油)在高原地区进行实际道路测试发现,柴油和车用尿素质量得到明显改善,仅占汽车保有量 7.8% 的柴油车排放的氮氧化物接近汽车排放总量的 70%,如果将生物柴油大规模地替代化石柴油,氮氧化物的排放量将被大大降低。

由此,相比现在中国市场生物柴油 5 100 元/吨,化石柴油 7 800 元/吨,本作品可以将成本大大降低,可供给多个产油厂。此外,本作品具有对环境友好、工艺流程简单、节能减排效益高等优点,应用前景广阔。

5 导师评价

该作品使用电选择发酵技术作为核心产油方式,利用微藻与特定菌种进行生物柴油制取,相比传统生物柴油制备与微藻生物柴油制备方案具有更强的先进性。

由于国内缺乏成型的微藻生物柴油制取设备,该作品设计的一体化装置有效推进了微藻生物柴油产油设备的设计。同时其项目设备在实际运行时效率较高,在一定程度上解决了微藻生物柴油制取效率低的问题。

传统化石能源的长期利用已为生态环境带来了诸多严峻问题,而生物柴油正是诸多可再生能源项目的代表之一,其中,微藻生物柴油项目则以无二次污染、能量利用率高等特点在各类生物柴油制取方案中脱颖而出。综上所述,推荐项目所使用的 MXC 发酵技术与所选择的产品设计方案在环保领域有着较高的贡献与参考价值。

6 风采展示(图 9.1 ~ 图 9.3)

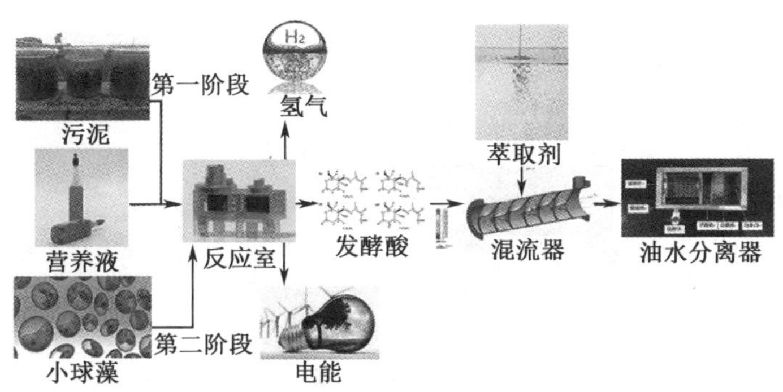

图 9.1 作品原理图

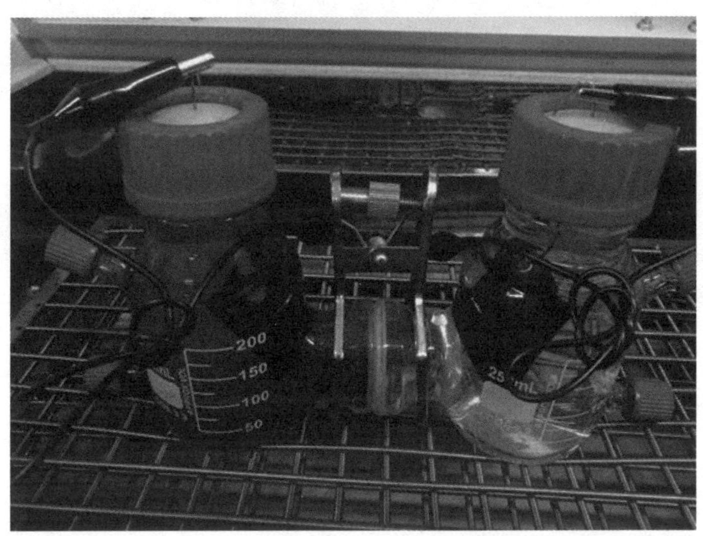

图 9.2 作品实物图

图 9.3 作品模型图

新型太阳能黑体锅炉

获得奖项：第十三届全国大学生节能减排社会实践与科技竞赛国家三等奖
指导教师：杨龙滨教授
团队成员：任毅、张进、宋彧晗、吕加呈

随着我国"一带一路"倡议的实施和海军走向蓝海，解决具有重要战略位置的海岛能源和淡水需求迫在眉睫。针对海岛上较少驻军的多种目标供热需求，市场上现有的太阳能集热器普遍存在能量利用效率低，占地面积大，不能很好地适应不同供能需求等缺陷。此外用于企业工艺用汽、建筑物供暖、宾馆和家庭用热的太阳能集热器及系统也存在普遍的"三高一低"问题，即能耗高（原料高纯硅的提纯冶炼不仅高耗能而且高污染）、排放高（换下来的太阳能板非常难被大自然分解，从而造成相当大的污染）、投入高（现有产品经济性不能与常规能源竞争）、效率低（现有产品集热效率不高，部分能源浪费）等问题。为此团队设计了一种黑体锅炉，该锅炉具有较高的集热效率、相对较小的占地面积，可以满足多种目标形式的供能需求，能够有效解决以上问题。本作品响应了《太阳能发展"十三五"规划》以及《关于因地制宜做好可再生能源供暖工作的通知》中的供热导向要求。

1 项目概述

太阳能的热利用已在我国开展了多年且有深入研究，并在近年实施了中广核德令哈50 MW光热示范项目、哈密熔盐塔式50 MW光热发电项目等多项太阳能发电工程，具有了较成熟的光热转化材料和大型光热系统。同时，用于企业工艺用汽、建筑物供暖、宾馆和家庭用热的太阳能集热器及系统也有了长足的发展和应用。然而，针对在海岛上较少驻军这种多种目标供热需求的情况，市场上现有的平板型集热器、真空管型集热器普遍存在能量利用效率低、占地面积大、不能很好地适应不同供能需求等缺陷。

此外，用于企业工艺用汽、建筑物供暖、宾馆和家庭用热的太阳能集热器及系统也存在普遍的"三高一低"问题，即能耗高（原料高纯硅的提纯冶炼不仅高耗能而且高污染）、排放高（换下来的太阳能板非常难被大自然分解，从而造成相当大的污染）、投入高（现有产品经济性不能与常规能源竞争）、效率低（现有产品集热效率不高，部分能源浪费）。近年来，国家能源局在太阳能供热领域发布重要指向，在《太阳能发展"十三五"规划》中明确提出"太阳能热利用应用领域由单一提供热水向提供热能转变"，在《关于因地制宜做好可再生能源供暖工作的通知》中提出利用太阳能为农村、城镇等人口聚居区，农业大棚及养殖等行业供热供能的方式。

基于小型太阳能供热领域存在的问题,我们利用黑体效应,基于黑体辐射原理设计完成了一种用于多目标供能系统的光热蒸汽发生器,能够有效解决以上问题。该发生器由菲涅尔透镜采光模块、具有黑体腔的光热发生器主体和压力控制模块组成。该发生器有较大的采光面积,极高的集热效率。光热发生器相较于传统的太阳能平板集热器的集热效率提高 31.2% 以上,相较于真空管式太阳能集热器的集热效率提升 2.2% 以上,且整体占地面积明显小于传统太阳能集热器。

2 创 新 点

2.1 绿色高效、多目标

使用太阳能进行供热,集热效率高达 76.2%,相较于传统的太阳能平板集热器的集热效率提高 31.2% 以上,且整体占地面积明显小于传统太阳能集热器。输出热能可满足多种使用目标,能够用于供暖、制淡、预热、制冷、工业用热以及生活用热。图 10.1 为太阳能捕获示意图。

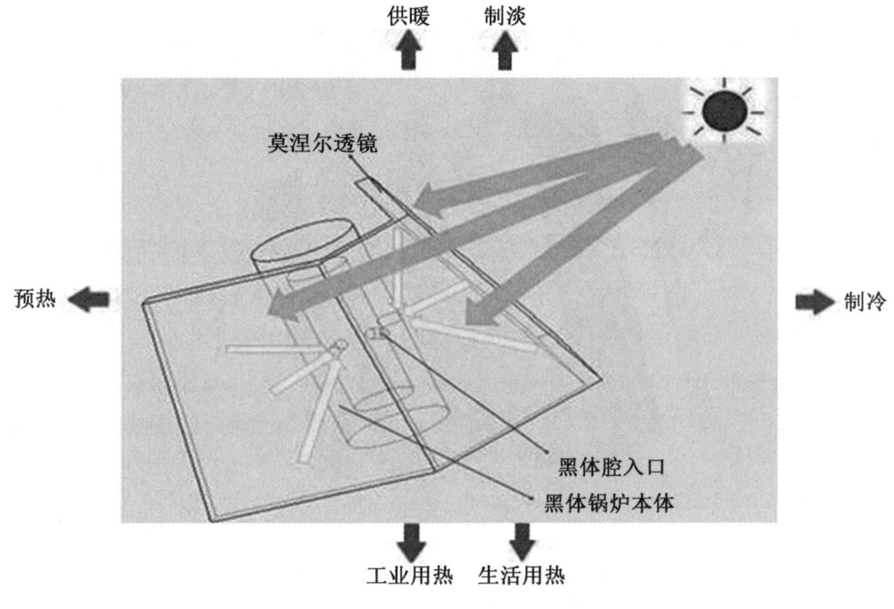

图 10.1 太阳能捕获示意图

2.2 新思路、巧结构、低成本

团队首次提出并设计了太阳能黑体锅炉,光热转化效率达到 85%。设计了菲涅尔透镜采光组,聚光效率达到 95%,能够完全代替传统追光系统,降低了成本,又适应了黑体效应。

图 10.2 为黑体锅炉捕获太阳能示意图。

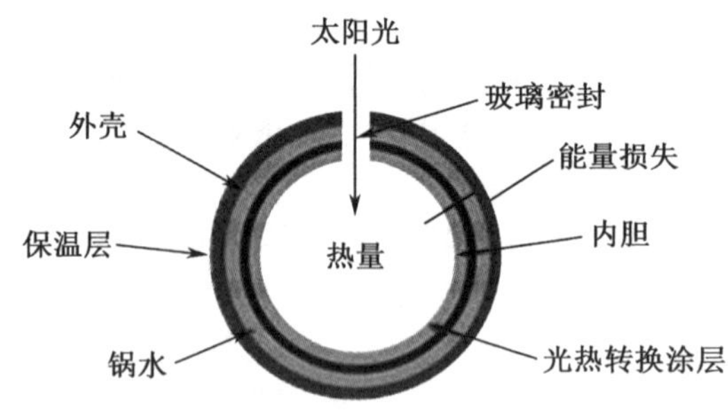

图 10.2　黑体锅炉捕获太阳能示意图

3　关键技术点

本作品结构图如图 10.3 所示。本作品设计了两大模块,分别为菲涅尔透镜采光模块、锅炉主体模块。

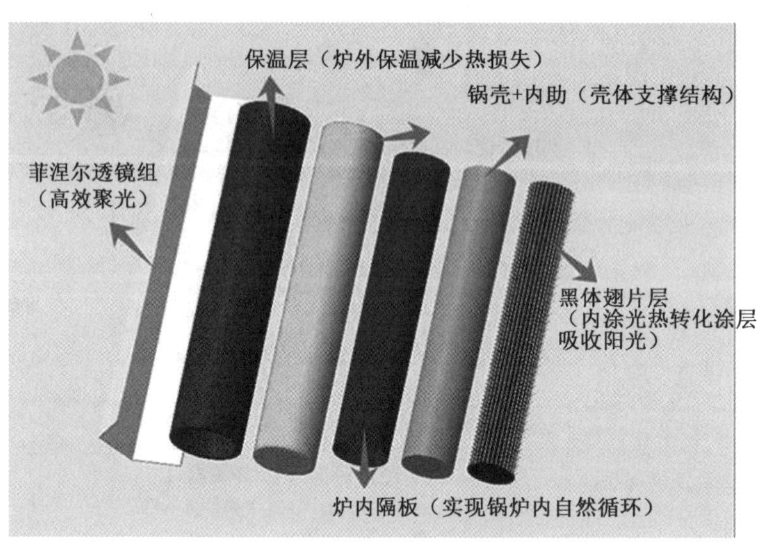

图 10.3　新型太阳能黑体锅炉结构图

3.1　菲涅尔透镜采光模块

菲涅尔透镜的结构如图 10.4 所示,其与非球面透镜的作用相同,但其形状与非球面透镜又有所不同。菲涅尔透镜原理如图 10.5 所示,透镜由若干个以光轴为中心的圆环组成,每个环带都可以看作一个小棱镜,各个环带倾角不同,入射光线经环带所在平面折射后聚焦至焦点位置。从剖面看,其表面由一系列锯齿型凹槽组成,中心部分是椭圆形弧线。虽然每个凹槽都与相邻凹槽之间角度不同,但都将光线集中一处,形成中心焦点,也就是透镜的焦点。每个凹槽都可以看作一个独立的小透镜,把光线调整成平行光或聚光。

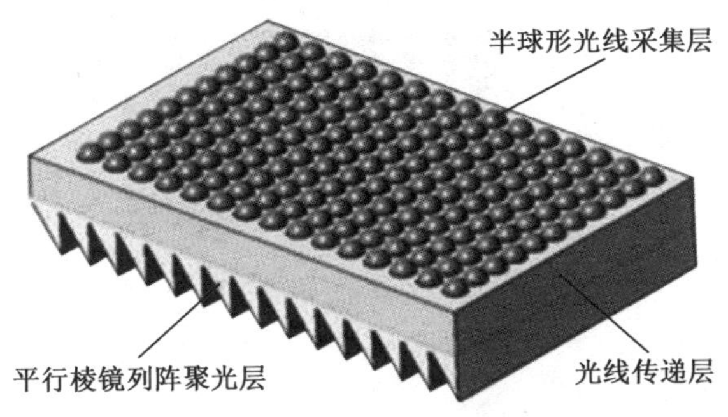

图 10.4　菲涅尔透镜结构图

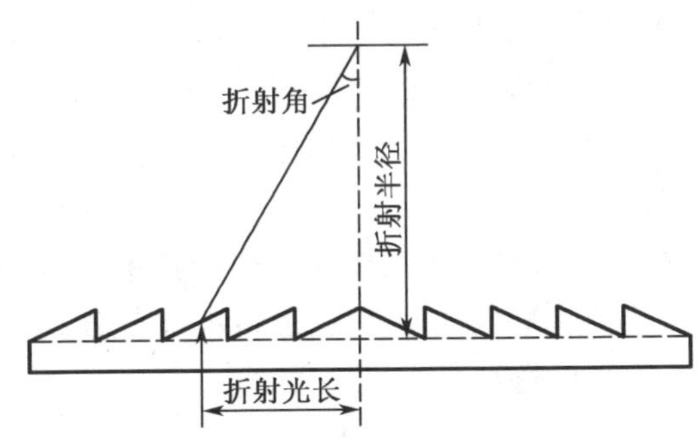

图 10.5　菲涅尔透镜原理图

其作用主要有以下 3 点:

(1)提高太阳能的能量密度:由于太阳光的能量密度较低,需要利用菲涅尔透镜将太阳光转变成能量密度较高的光束,以提高锅炉内的温度;

(2)适应黑体特性:由于黑体本身的特点,其很难拥有较大的采光面积,利用高效大尺寸短焦距菲涅尔透镜将太阳光聚焦汇入黑体腔小口,可有效解决这一问题;

(3)代替传统追光系统,简化控制部分:镜片结构主要由上部的半球形光线采集层、中部的光线传递层和下部的平行棱镜列阵聚光层组成。该镜片结构不需要跟踪太阳的转动而时刻运动,可代替传统的追光系统,使系统简单可靠。

3.2　锅炉主体模块

如图 11.6 所示,锅炉本体主要由三维黑体腔(内胆)、外壳、外保温层等三部分组成。在外壳与内胆之间环形空腔内充满被加热的水;内胆由不锈钢壳体制成,形成封闭腔体,即三维黑体腔,其内侧表面涂有一层光热转化涂层。

本作品产生的热能一部分经内壁通过导热传入锅壳中的锅水,对锅水进行加热,生产高温热水或蒸汽，另外一部分以辐射和导热的形式经黑体腔入口传递到空气中。为减少因黑体腔入口导致的热损失，在黑体入口处用特殊透明材料进行密封，以减少散热损失。

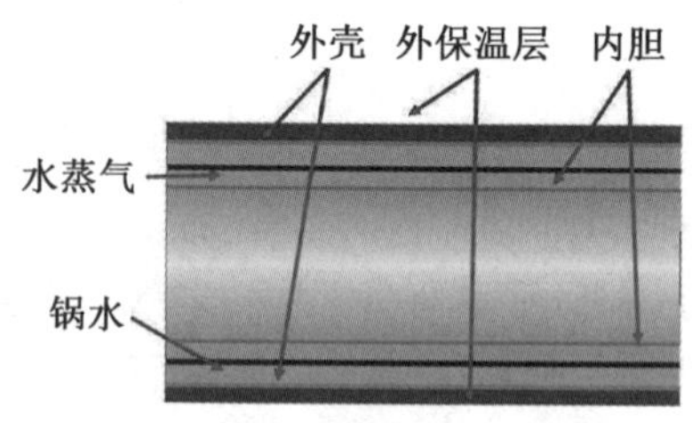

图 10.6　锅炉纵剖视图

4　市场前景

我国的太阳能资源巨大，为本作品推广应用提供了良好的自然条件。本作品可完全代替目前市面上所售卖的平板型集热器和真空管式集热器，能够为居民家庭用户、农业大棚及畜牧养殖户、农村及城市居民聚集区提供供热服务。此外，本作品还可适用于目前太阳能供热无法普及的偏远海和高原极寒地区，在这类地区的投放使用不仅能够享受国家政策扶持，还具有较好的社会效益，市场应用范围极广，若将其推广到市场，每年可产生极高的经济效益，具有极大的市场价值。同时本作品在运行期无任何污染排放物，对自然与生态环境的影响甚微，绿色环保符合可持续科学发展理念。

本作品在投入生产后，成本低回报高，相较于现有市面上最优性能的太阳能集热器，造价成本仅为其 1/3，1 台大约 6 000 元，若将其推广到市场，以哈尔滨市为例，每年可产生的经济效益为 100 万元，具有极大的市场价值。

5　导师评价

新型太阳能黑体锅炉思路新颖，创新点巧妙，在学生创新过程中实践了工程热力学和传热学的知识，是将本专业课堂知识转化为学生课外科创的较好范例。太阳能的开发符合国家节能、环保政策，该作品利用太阳能源且光热转换效率高，对自然环境友好，设计了不同模块相互配合，减少了设备的占地面积，有效地克服了传统太阳能集热设备的缺点。该作品的推广使用，可以节约化石燃料，具有极其良好的市场前景。

6 风采展示(图 10.7 ~ 图 10.8)

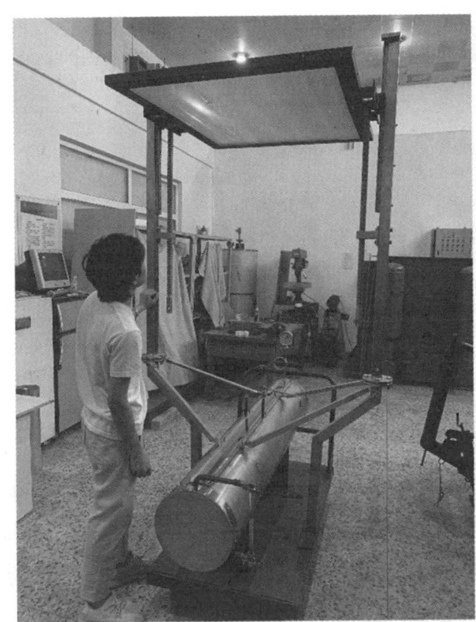

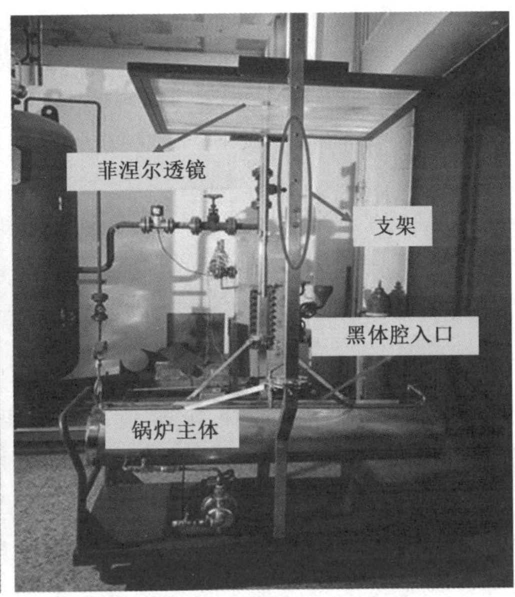

图 10.7　作品模型零部件展示

图 10.8　竞赛剪影

基于剩磁锁定原理的大流量高频电磁阀

获得奖项:第十三届全国大学生节能减排社会实践与科技竞赛三等奖
指导教师:路勇教授
团队成员:冯鑫磊、吴岳霖、朱星铭、吕加呈

近年来随着工业水平的提高,环境问题与能源问题越来越突出,节能减排已经成为当代工业发展过程中必须要面临的问题之一。机电一体化技术作为当代工业发展的方向之一,设计高效可靠的机电系统已经成为工业水平继续发展的必要条件。电磁阀作为机电一体化系统中不可或缺的关键零部件,其性能已经成为制约机电一体化总体性能指标的主要因素之一。响应速度与流量是电磁阀最重要的两个技术指标,但同时它们也是相互矛盾的。大流量的电磁阀一般采用增大阀芯直径或者增加阀芯开口量的方式,这必将造成阀芯质量或者阀芯位移增大,从而使得电磁阀的响应速度降低,无法满足系统的需求。本作品的目的旨在设计一种高效节能的开关电磁阀,在满足大流量的同时,实现电磁阀的高频响应。当前该设计原理已经申请国家发明专利。

1 项目概述

本作品通过设计合理的开关阀衔铁形状,形成辅助磁路以增大在初始状态下的电磁吸力,同时充分利用电磁阀线圈的漏磁,利用铁芯受到的螺线管力的反作用力,增大在初始状态下阀芯受到的力,从而提高开关阀的响应速度。本开关阀采用对称的回油口设计,使得开关阀在完全打开的情况下,各个阀口受到的稳态液动力在轴向上的分力完全抵消,因此,在阀口完全打开的情况下,仅需要很小的力就可以将阀芯保持在极限位置。取消传统电磁阀中的弹簧,在阀芯运动到极限位置时,电磁线圈可以断电,利用衔铁的剩磁力使得阀芯保持在极限位置,起到节能的目的。通过仿真与实验研究,结果表明,当前设计的开关阀响应速度为1.3 m/s,开关阀流量为50 L/min,当开关阀的工作频率为200 Hz时,开关阀的功率为24 W。设计、仿真与实验获得的技术指标远优于国内外同类产品,具有很好的应用价值和市场前景。

2 创 新 点

2.1 剩磁锁定保持阀芯状态

开关阀整体结构呈现对称式布置,并且采用的油口布置形式也是对称式,进油口位于中央,两组出油口分别位于两侧,这种布置形式可以抵消绝大部分的稳态液动力,这也是本开关阀实现无弹簧结构的基础支撑。开关电磁阀在阀芯运动到极限位置以后,由于没有复位弹簧,同时由于采用对称式结构,阀芯受到的稳态液动力在轴向方向的分量大小相等,方向相反,线圈则不需要持续通电,可使用残余电磁力使阀芯保持在极限位置。这样可以降低能耗,同时大大提高电磁阀的可靠性和寿命。

此外,本开关阀的电磁铁采用的是螺线管铁芯吸入式结构,这种电磁铁的形式适用于较大行程的开关阀设计。电磁铁的静铁芯与端盖为一体式结构,可以使开关阀结构得到简化,静铁芯的端面处采用的是盆底止座结构,该结构可以有效提高开关阀的整体响应速度,是高速开关阀的核心结构。

2.2 特制磁分路器的铁芯端面形式

开关电磁阀电磁铁铁芯端面参考比例电磁铁设计思路,采用磁分路器结构设计,可以在较大气隙的情况下增加电磁铁的初始电磁力,提高开关阀的响应速度。开关电磁阀采用吸入式电磁铁并合理规划结构尺寸,使电磁铁线圈中的漏磁得到充分利用,利用漏磁产生的螺线管力可以增大阀芯受到的电磁吸力,提高开关阀的响应速度。阀体端盖上包含有口杯状盆底止口结构,其凹坑底面对阀芯限位,盆边和阀芯始终保持一定轴向距离的耦合,在电磁铁起始通电激磁时,可以增加电磁铁的初始电磁力,提高开关阀的响应速度。

开关阀集成化程度高、结构简单,其整体为大行程设计,因此阀口遮盖量较大,可以降低阀芯与阀体间的研配精度,同时降低加工成本。

3 关键技术点

3.1 开关阀整体、油口布置均为对称式,取消弹簧,利用剩磁原理,保持阀芯在极限位置

本作品在取消了弹簧结构的同时采取了多种措施来进一步增加其响应速度,例如,采用吸入式电磁铁充分利用漏磁产生的螺线管力,并采用特殊的磁分路器结构增大吸合力,同时利用对称式的布置方式,最大限度地减小液压阻力。以上措施都是在不增加电磁阀功

耗的情况下实现的,可以有效降低电磁阀工作时的当量能耗。

本作品既可作为常开电磁阀也可作为常闭电磁阀使用,无论如何使用,只需要在使用前让对应的线圈通电,使其完全进入预定状态即可。例如,要作为常开电磁阀使用,则使用前先让右侧线圈通电,使其处于完全开启状态,当要切换至关闭状态时,仅需要将左侧线圈通电,通电时间大约持续 2 ms 即可。在电磁阀完全关闭后,由于结构对称可以抵消绝大部分液压力,残余的因加工误差以及流体压力波动引起的轴向力,仅依靠线圈内的剩磁即可抵消,使阀芯牢牢锁定在预定位置,当要重新切换至开启状态时,情况类似。开关阀的开启或关闭持续期受相邻两控制信号之间的间隔控制。

3.2 磁吸合力方面利用 Maxwell 软件进行仿真与普通电磁阀作对比,利用实验台架进行性能测试

考虑到两位两通电磁阀特殊的对称结构,可以消除稳态及瞬态液动力。本作品的建立同样遵循对称式的结构,为了将阀芯上两个油槽的结构充分体现出来,本作品使用两个对置的活塞环槽元件模拟单个油槽结构。考虑阀芯的质量会对电磁阀的响应速度产生很大影响,模型中使用质量块模拟阀芯质量,并通过该元件将阀芯的运动区域限制为实际的阀芯行程,使用精密天平称得阀芯质量为65.98 g,同时启用该元件自带的摩擦仿真,根据理论计算结果设置相应的静摩擦力、滑动摩擦力以及风阻系数。

使用软件内置的电磁学仿真部分模拟实际的电磁铁为阀芯提供驱动力,使用带磁分路器的气隙元件模拟实际电磁铁铁芯端面结构。为了便于观测稳态仿真结果其控制信号,频率设定为 1 Hz,电磁铁的通电时间设置为 2 ms。

4 市场前景

在需要高响应速度与长时间保持电磁阀开启或者关闭的场景中,此开关电磁阀可以广泛运用在能源液压系统控制领域。在需要利用脉宽调制实现流体控制的技术方案中,此高频开关电磁阀可以拓宽脉宽调制的工作频率带,改善脉宽调制的性能。鉴于本作品中电磁阀较低的驱动功率与极高的响应速度,通过合适的控制手段,可以极大提高液压系统的性能。

传统电磁阀在流体自动化控制系统中已经占有绝大部分的市场。因此,性能参数远超传统电磁阀的本作品必然拥有广泛的应用前景,根据作品特性主要可应用于以下几个方面:

(1)燃气传输精确控制

天然气、液化石油气等燃气传输过程需要控制系统快速响应以实现精确控制。本作品采取多种措施极大地提高了阀芯受到的初始电磁吸力,使得本作品响应速度远高于同类产品。

(2)高频流体通断控制

本作品可利用剩磁力长时间保持常开、闭状态;极大地减小工作负荷,同时降低电磁阀的驱动功耗。

(3)船舶发动机配气结构的应用

本作品设计不仅减轻了质量,而且可以针对发动机工况需求动态调节气阀开启、关闭相位及气阀重叠角。

(4)需要利用脉宽调制实现流体控制的技术方案

高频开关电磁阀可拓宽脉宽调制的工作频率带,改善高频电液脉宽,调制系统的性能。此外,高频电液伺服系统的工作频率的高低,主要取决于伺服阀频宽的高低。因此,本产品对于需要提高电液伺服阀频宽的高频电液伺服系统意义重大。

5 导 师 评 价

该作品是学生在**指导教师**指导下的科技作品,由团队成员依据专利进行仿真设计、结构完善,制造出作品实物并搭建试验台架进行试验验证。应用本作品技术的流体控制系统实现了大流量与高频响共存以及低功耗的目的。作品的对称结构以及无弹簧设计为行业较高水准并具备较高的创新性。传统电磁阀在流体自动化控制系统中已经占有绝大部分的市场,因此,性能参数高于传统电磁阀的作品,必然拥有广泛的应用前景。

6 风采展示(图 11.1 ~ 图 11.3)

图 11.1 磁阀

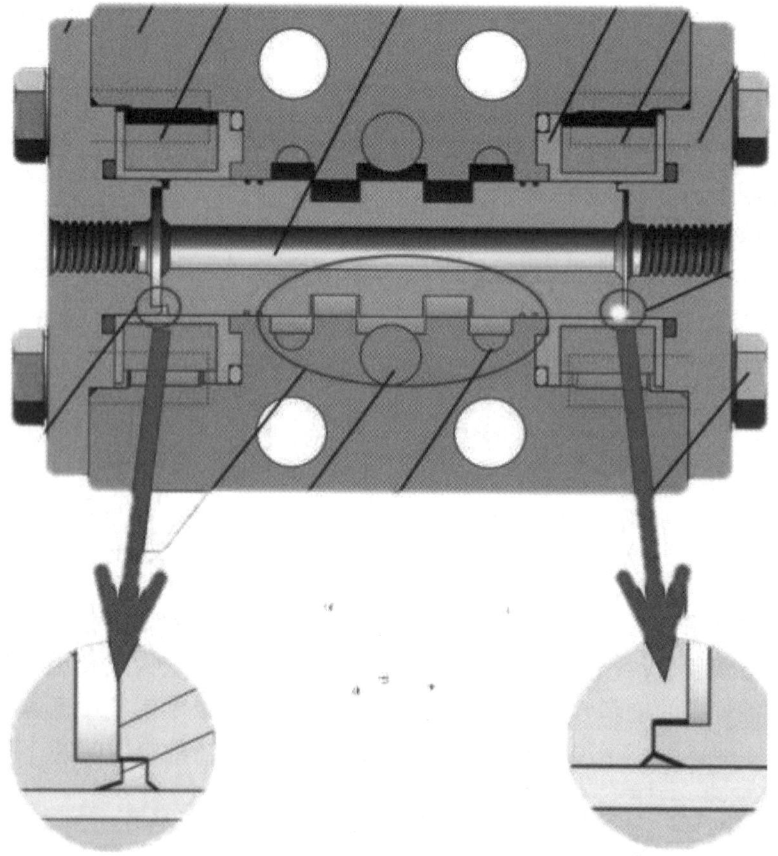

图 11.2　作品原理图

图 11.3　作品实物图

低碳能源船舶混合动力高效节能系统

获得奖项：第十三届全国大学生节能减排社会实践与科技竞赛三等奖
指导教师：范立云教授
团队成员：刘宇阳、魏云鹏、杨文翀、毛运涛、李美斯

目前环境污染越来越严重，对船舶的排放要求越来越严格，从某种程度来说，也是对船舶的动力提出的要求。大多数专家认为，混合动力是目前比较好的解决方案，但目前混合动力仍有较大的技术难题。针对这一问题，通过对混合动力系统的设计选型、匹配优化、能量管理策略等关键技术进行设计，为该系统的工程化应用提供理论依据，以期解决以柴油机为核心的传统推进系统整体效率提升困难且难以满足排放标准的难题，充分利用船舶混合动力系统多能源互补的优势，采用清洁燃料以及发动机全负荷范围内的优化匹配，实现发动机在高效率区长期平稳运行，最终达到有效提升系统效率并大幅降低排放的目的。

1 项目概述

面对日益严峻的能源危机和环境污染等问题，船舶航运业能源消耗高、环境污染严重的问题急需解决，在节能减排、绿色发展的背景下，良好的经济性、排放性、操纵性、舒适性等优势使得船舶纯电力推进系统成为当前船舶技术研究的前沿。同时国际海事组织（IMO）和各个国家都出台了相应的政策和法规来严格限制船舶排放，我国从2018年上半年以来，对现行排放控制区方案的实施情况进行评估改进，将排放控制海域扩展到全国沿海区域。同时IMO于2013年1月1日起在全球范围内强制实施船舶能效设计指数（EEDI）的相关规定，见表12.1，对于无法满足该标准的船舶将会无法进入国际市场。随着EEDI第2,3阶段时间的靠近，现有的技术已经很难满足能效基数折减的要求，这将成为遏制我国近海和国际航线船舶建造和运营的技术门槛，直接影响我国造船、物流、外贸等经济的发展，因此船舶动力系统技术的发展迫在眉睫。

表12.1 船舶能效设计指数（EEDI）的相关规定

阶段	年限区间	EEDI折减系数
第0阶段	2013—2014年	0

表 12.1(续)

阶段	年限区间	EEDI 折减系数
第 1 阶段	2015—2019 年	10%
第 2 阶段	2020—2024 年	20%
第 3 阶段	2025 年及以后	30%

针对这些问题,本作品从系统的设计选型、匹配优化、能量管理策略等方面进行设计,为该系统的工程化应用提供理论依据。首先,进行系统总体方案概念设计,提出一种船舶混合动力系统方案,并针对该系统的适用船型进行匹配选型,而后建立系统的数值仿真预测模型。其次,建立船舶混合动力系统实验平台,根据船舶混合动力系统的运行特点选取适用于系统研究的循环工况,又以港口拖船为例设计船舶的运行循环。最后,为系统设计一种基于逻辑门限的能量管理策略,同时利用等效能耗最优算法优化逻辑门限边界,绘制能量管理策略流程图。对系统在不同工况、不同混合度下的能量效率和节能率进行研究,提出了气电混合式动力系统,缓解愈加严格的法规与技术发展不成熟之间的矛盾,为船舶从传统的内燃机推进方式过渡到绿色推进方式提供可行性方案。针对拖船、渡船、工程船等工况复杂应用场合,设计了并联式船舶混合动力系统,原动机与负载之间为机械连接,结构简单、可靠性好、工况适应性好,同时系统能量传递效率较高;设计搭建实物模型,同时建立船舶并联式气电混合动力系统的仿真模型,研究系统在不同工况、不同功率比下的推进效率,针对该系统设计一种基于逻辑门限的能量管理策略,并结合等效能耗最优算法对能量管理策略进行优化。

2 创 新 点

2.1 解决运行在非高效率区内的问题

设计新型气电船舶混合式动力系统,成为能够实现排放性、经济性、动力性的最佳折中方法,期望解决常规的柴电混合动力系统存在的非高效率区,以及现阶段纯电动船舶受制于发电方式、功率密度的问题;缓解愈加严格的法规与技术发展不成熟之间的矛盾,为船舶从传统的内燃机推进方式过渡到绿色推进提供可行性方案。

2.2 完成混合动力系统构型设计

本团队针对系统的匹配选型、不同模式能耗等关键技术进行了研究,利用所搭建的仿真模型完成了在不同推进模式下的能量流分析,使所设计的系统更适用于工况复杂的场合。

2.3 设计船舶混合动力系统实验平台电力机构布置

本团队引入电网系统，通过采用清洁燃料以及全功率范围的储能等方式，充分利用了多能源互补的优势，有效减少了因工况频繁变化所带来的能量损失。

3 关键技术点

3.1 搭建船舶混合动力系统

本作品提出的船舶并联式气电混合动力系统结构如图12.1所示，其主要由天然气发动机、永磁同步可逆电机、磷酸铁锂蓄电池组、离合器、齿轮箱、螺旋桨、电力变换装置(包括DC/DC变流器、DC/AC逆变器、AC/DC整流器等)、船舶电网、充电装置、船舶其他电气负载(包括船舶日常用电、设备作业用电等)等部分组成。天然气发动机和永磁同步可逆电机分别通过离合器与齿轮箱机械连接，实现转矩耦合并驱动螺旋桨；永磁同步可逆电机、磷酸铁锂蓄电池组和外接充电装置通过电力变换装置与船舶电网电连接。

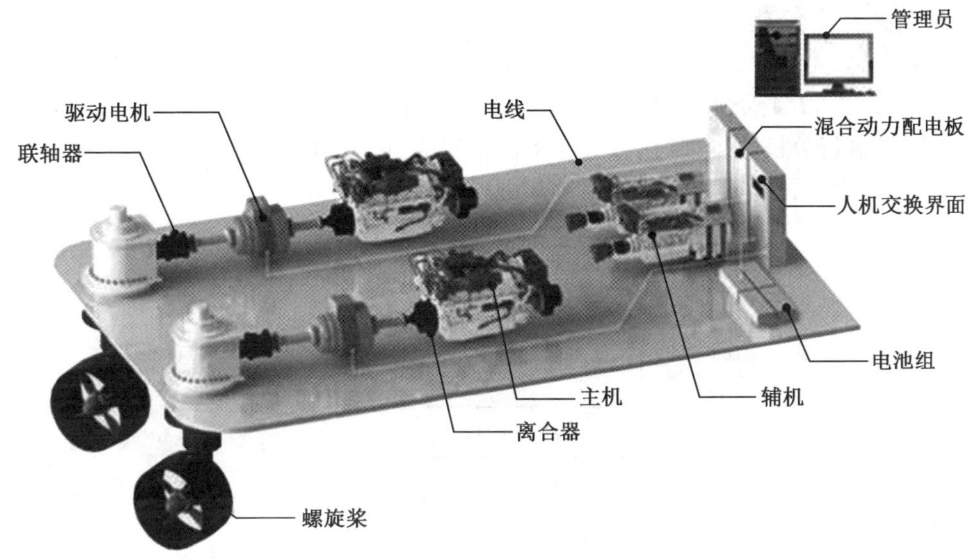

图12.1 混合动力拖船结构

3.2 Simulink仿真模型

本团队根据各模型的建模原理及函数关系，采用模块化建模的思想在Simulink平台上建立了系统的仿真模型，主要包括天然气发动机模型、电动机模式和在发电机模式下的永磁同步可逆电机模型、磷酸铁锂蓄电池组模型、简化后的离合器和齿轮箱模型、螺旋桨模型、电力变换装置模型、动力分配控制器模型以及能量管理策略模型等,如图 12.2 所示。

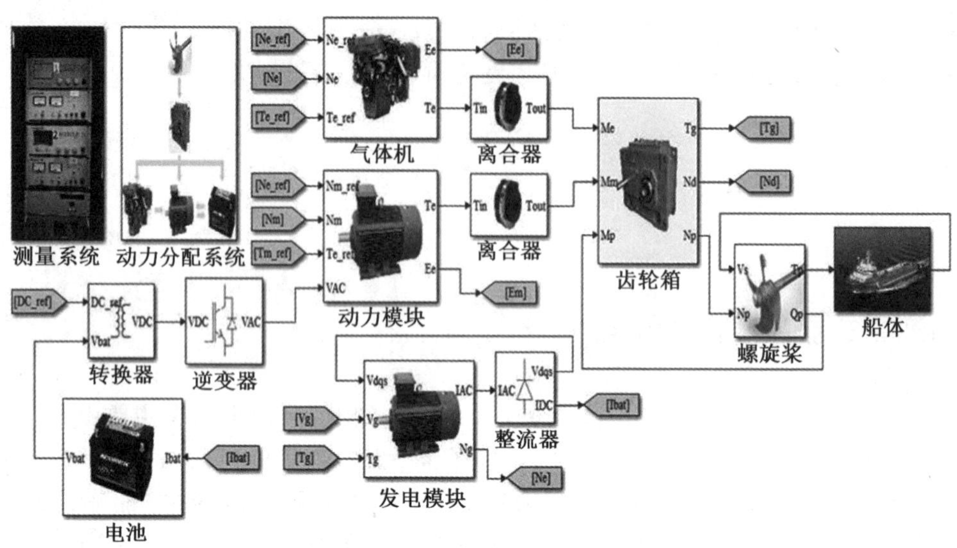

图 12.2 Simulink 仿真模型

3.3 能量流分析

图 12.3 和图 12.4 分别是对系统机械推进模式能量流、电力推进模式能量流这两种基本能量流路径进行分析,可反映出系统在不同推进模式下的能量转化、传递过程、能量损耗及能效区间等,为后续的研究和设计奠定基础。

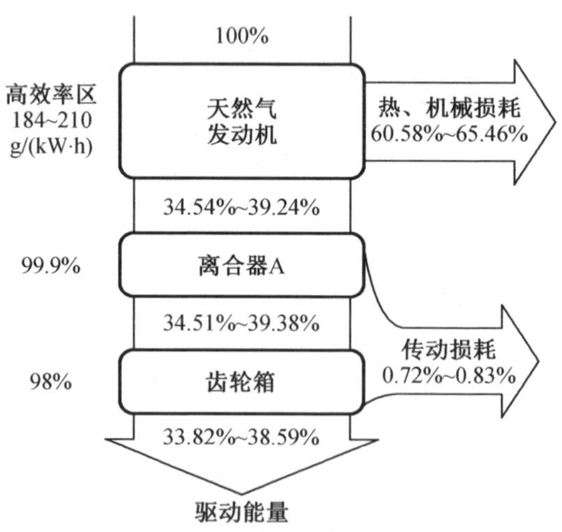

图 12.3 机械推进模式能量流

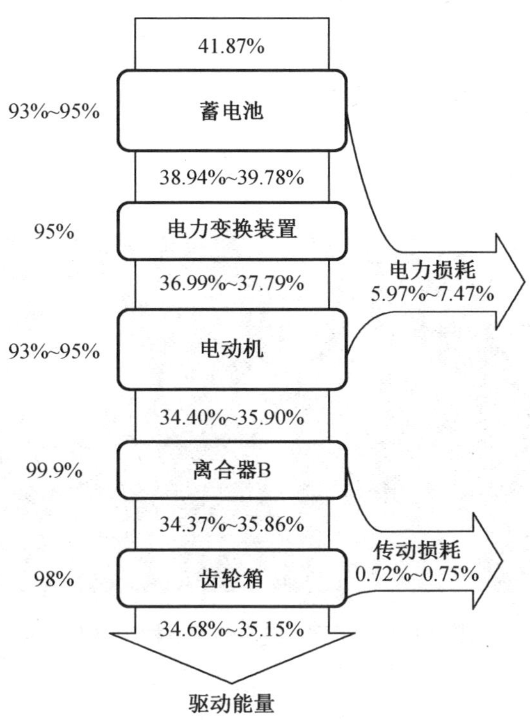

图 12.4　电力推进模式能量流

4　市场前景

全球已经运行和在建的混合动力船舶仅有数十艘,气电混合动力系统将会成为船舶混合动力系统中更具优势的方案,必将拥有良好的发展前景。该系统重点应用于推进功率需求变化频繁且幅度较大、航行距离较短,以及在排放控制区内营运的内河、沿海、江海直达等中小吨位船舶,尤其是对长时间工作在部分负荷、低负荷工况以及功率储备较大的船舶的能效提升和排放降低更为明显。船舶混合动力技术充分利用了多能源互补的优势,能够使发动机一直工作在高效率区内,从而有效提高系统的工作效率、降低燃油消耗、减少排放,必将成为未来船舶技术发展的主要方向。运用该系统,船舶可以减少 73% 的 PM2.5,减少 51% 的 NO_x,减少 27% 的 CO_2 排放。

5　导师评价

该作品是学生在指导老师帮助下完成设计的作品,作品的制作、调试、实践等均由该团队成员完成。团队成员成功设计了一种低碳能源船舶混合动力系统,采用清洁燃料以及全功率范围的储能等方式,能够使发动机一直工作在高效率区内,通过船舶电网进行削峰填谷,有效减少了因工况频繁变化所带来的能量损失。

6 风采展示(图 12.5)

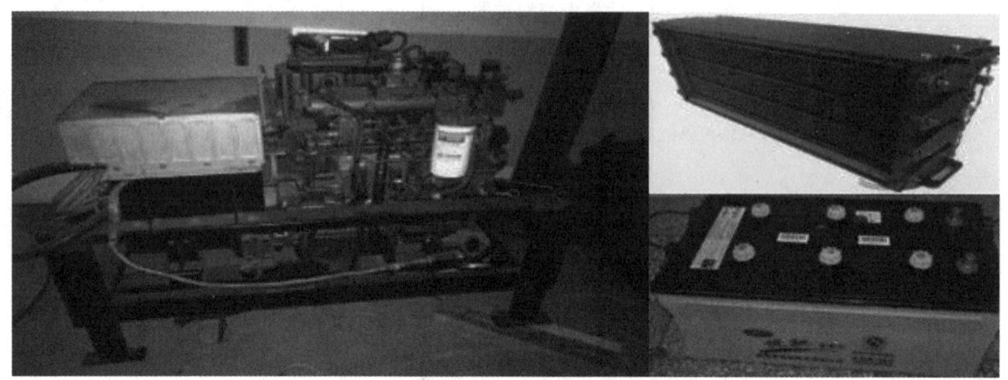

图 12.5 APU 系统及储能机构实物图

基于 LNG 冷能梯级利用的船舶高效节能系统

获得奖项:第十四届全国大学生节能减排社会实践与科技竞赛国赛三等奖
指导教师:杨立平教授
团队成员:许智淳、吕加呈、王浚哲

由于储存和运输的限制,目前船舶气体发动机普遍使用液态天然气作为提供船舶动力的燃料。液态天然气在进入发动机燃烧之前必须将其汽化并加热到工作温度,传统意义上LNG 汽化的能量主要来源于缸套水和空气,这导致了储气罐中 LNG 冷能的浪费。受目前利用有机朗肯循环回收发动机余热这一研究热点的启发,我们设计了一种基于 LNG 冷能梯级利用的船舶高效节能系统,利用 LNG 与发动机缸套水、高温废气构造双回路有机朗肯循环,实现在回收发动机废气余热的基础上对气体机中冷量进行回收利用。该系统可以通过双回路的有机朗肯循环进行发电,双回路的设置提高了各机组的工作效率,从而船舶动力系统的能效预估提高 3.5%。

1 项目概述

能源短缺和环境污染是制约我国经济和社会发展的瓶颈问题。煤和石油在我国能源消费结构中的比例超过了 80%,如图 13.1 所示,导致高能耗和高排放,因此实施能源多元化战略和清洁能源利用技术成为缓解能源和环境问题重要举措。习近平总书记在第 75 届联合国大会向国际社会做出“碳达峰、碳中和”郑重承诺,急需各行各业为实现此目标探索低碳、节能的新路径。

天然气是除煤和石油之外的第三大一次能源,具有资源丰富、高效和清洁等优势,成为石油替代能源的首选。由于 LNG 对金属材料有低温冷脆危害,在进入发动机燃烧之前需要将其汽化和加热到环境温度。LNG 的热值为 50 MJ/kg,汽化每千克 LNG 需要 840 KJ 热量,在没有进行能量转换和做功之前就浪费 1.7% 的能量,而用于 LNG 汽化的能量主要来自发动机缸套水,这导致储罐中 LNG 冷能和发动机冷却系统热能的双重浪费,增加的传热损失的同时又加剧了发动机热效率降低。因此,实现 LNG 冷能和发动机余热的综合利用,对于提高船舶动力系统能效和实现节能减排具有重要意义。为了提高国际竞争力和降低船舶的运营成本,船舶大型化趋势明显,对 LNG 发动机功率需求增加,因此开展 LNG 动力船舶冷能利用技术更具现实意义。对 LNG 动力船冷能与热能的综合高效利用技术的研究成果成为船舶领域研究的重点。

通过分析国内外对 LNG 能量利用技术的研究可以发现,在 LNG 冷能应用过程中存在传热过程中㶲损失、利用方式单一和能量回收效率低等问题,因此本作品提出一种基于 LNG 冷能梯级利用的船舶高效节能系统,利用 LNG 供气系统、缸套水系统和高温排气系统,构建高低温复合结构的 LNG 冷能综合利用设计和能量转换过程的优化,实现 LNG 动力船舶的冷热能回收和高效利用,为船舶节能减排提供理论和技术支撑。LNG 储存装置如图 13.2 所示。

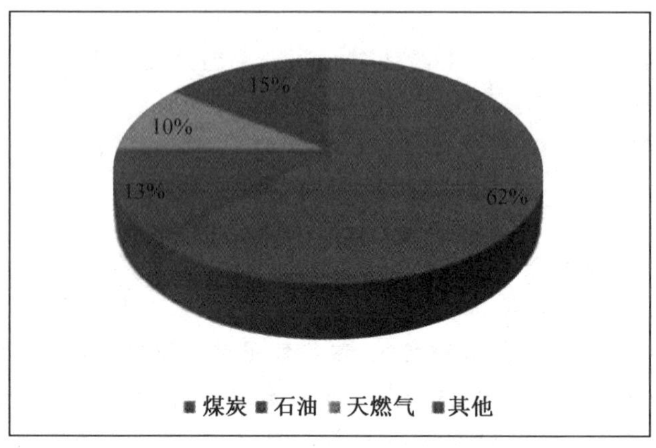

图 13.1　中国能源消费结构图

图 13.2　LNG 储存装置

2 创新点

2.1 构建基于 LNG 冷能利用的有机朗肯循环取代 LNG 的直接气化

将损失的 LNG 冷能和高温废气余热转化为电能输出,实现 LNG 动力系统高品质冷能和发动机余热的综合利用。

2.2 构建将 LNG 作为冷源串联的双回路循环结构

引入发动机缸套水作为中间热源,降低各级循环的传热温差,减小传热过程的㶲失,进一步提高发电效率,实现将发动机热效率提高 3.5% 的目标,以达到高效节能效果。

目前船舶能量回收的主要形式是直接将高温废气回流至换热组件进行能量再利用,而换热组件吸收的热量主要用于空调取暖,但是高温废气携带的热量通常远超供暖的热量需求。为了解决低品质热量回收困难的问题,在废气余热回收的形式上我们选择采用有机朗肯循环(Organic Rankine Cycle,ORC),有机朗肯循环具有结构简单、操作方便等优点,同时热量回收利用的形式不再局限于船舶供暖,而是可以通过有机朗肯循环进行发电运用到船舶工作的各个环节。

气体燃料发动机相较于柴油机而言,冷量回收也同样可观。利用缸套水作为循环中间热源,与高温废气与低温 LNG 实现双有机朗肯循环,双有机朗肯循环在回收能量的同时有效满足了 LNG 需要吸收能量进行汽化、缸套水需要带走热量进行散热、高温废气能量再利用多个目标要求。

3 关键技术点

3.1 多级有机朗肯循环回路设计

一级有机朗肯循环如图 13.3 所示。低沸点液态有机工质经工质泵加压后被送到蒸发器中。工质在蒸发器中吸收发动机缸套水的热量转变为高温高压蒸汽,高温高压蒸汽在汽轮机中膨胀并推动转子做功发电,做功后的乏汽经冷凝器回收 LNG 冷量冷凝为液体后,被送回到泵中,开始新一轮的循环。在一级有机朗肯循环中缸套水承担高温热源的任务,此时工质泵加压一级循环有机工质并将工质送入蒸发器中,在蒸发器中和缸套水进行热量交换后的有机工质转变为过热蒸汽态。过热蒸汽在级汽轮机中膨胀做功。经过第一级循环,缸套水的温度明显降低,通过散热系统之后流经主机内部的通道对主机燃烧室周围包括汽缸盖和汽缸套等部件进行冷却,并在冷却过程中再次升高温度。从冷却系统流出,缸套水温度得到升高，继续进入一级循环承担高温热源作用。LNG 汽化成天然气并升温，进入二级循环继续作为冷源。

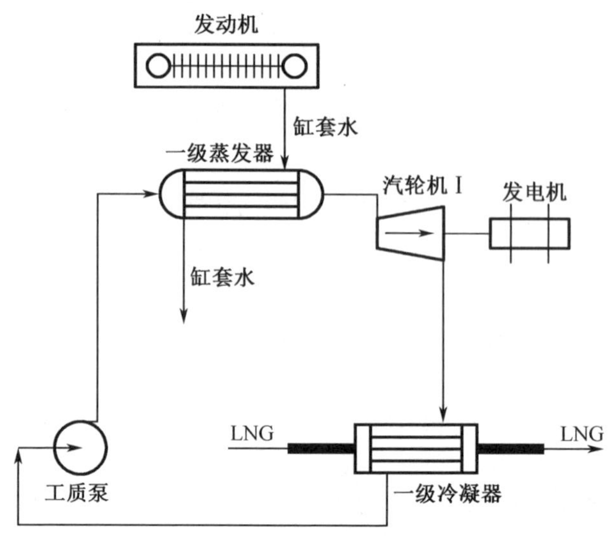

图 13.3　一级有机朗肯循环结构示意图

二级有机朗肯循环系统原理与设计思路与上述循环相同，对高温热源以及回路工质进行了替换，其系统结构如图 13.4 所示。在第二级有机朗肯循环中发动机废气作为高温热源，工质泵加压二级循环有机工质并将其送入蒸发器中，在蒸发器中和高温废气进行热量交换后转变为过热蒸汽态，过热蒸汽在第二级汽轮机中膨胀做功发电。经过第二级循环，高温废气的温度明显降低，后续可通过废气涡轮、蓄热池等热回收装置进一步利用剩余热量。天然气温度明显提高，在提供循环冷量的同时起到一定的回温作用，以达到燃烧室的点燃要求。

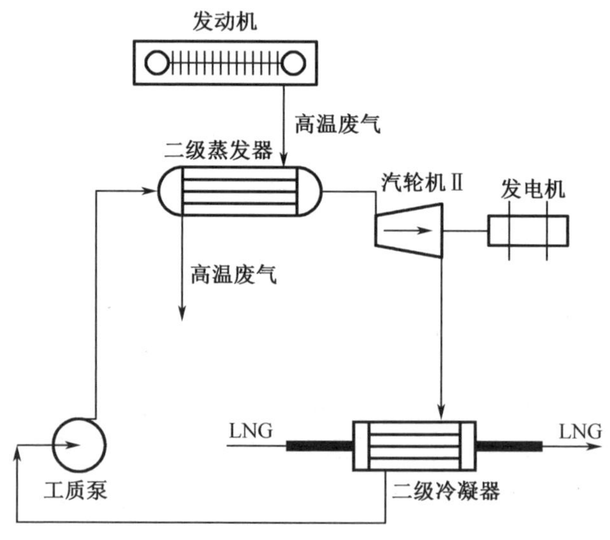

图 13.4　二级机朗肯循环结构示意图

3.2 有机工质选择

在有机朗肯循环过程中，有机工质为影响系统运行性能的重要影响因素之一。目前有机朗肯工质主要根据其热力学性质、安全性、环保性三个方面进行选择。

所供选择的工质主要分为干工质、湿工质和等熵工质。三种工质在 $T-S$ 图中的饱和蒸汽线的斜率分别大于零、小于零和无穷大，如图 13.5 所示。在一定的工作条件下，选择湿工质可能出现液体进入透平的情况，这样会造成对器件的冲蚀，甚至会损坏叶片。选择干工质和等熵工质则可以有效避免出现膨胀做功后进入两相区的情况。

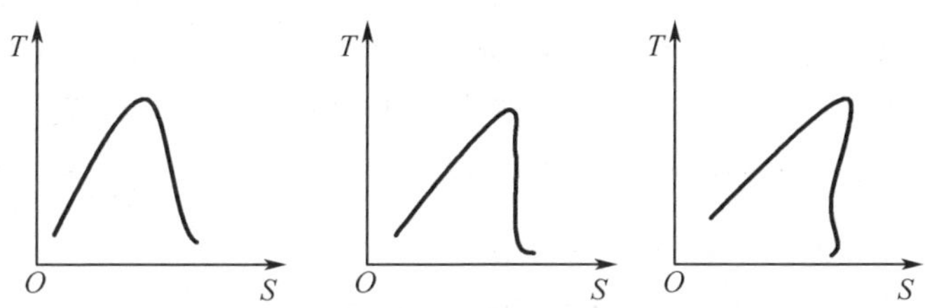

图 13.5 干工质、湿工质和等熵工质 $T-S$ 图

选择蒸汽密度较大的工质，在密度较大的情况下会缩小体积流量，使系统更加紧凑，减少投资成本。选择能满足系统换热需求的具有合适比热的工质，保证工质具备较强的换热性能。在换热量一定的情况下，换热性能强的工质可以使换热器件的负荷减小，换热速率加速。工质的临界温度应与热源温度相近，这样可以降低由于温差带来的不可逆损失，增加热源的回收利用率。

安全性方面要考虑到实际运行过程中可能发生的意外。需要选择化学稳定性高、无毒或毒性较低、可燃性较低、兼容性较高的工质。一旦发生泄露等意外，可以最大限度地降低对人体的伤害，同时可以降低对管路和设备的损坏，降低产业损失。

对环保性方面而言，目前公认的工质环保性的评价指标主要有两个：臭氧消耗潜值（Ozone Depression Potential，ODP）和全球变暖潜值（Global Warming Potential，GWP）。两个指标越高，说明工质对环境的破坏性越大。因此，要选择两个值都较小的工质。

在系统初步搭建完成后首先进行建模系统的验证，即在满足系统需求和环保要求的前提下，分别选出两个有机朗肯循环的工质，然后将工质两两组合，分析系统性能，从而选出最优工质组合。

4 市场前景

本作品通过 LNG 燃料气化吸热提供低温热源，缸套水和高温废气中的余热提供高温热源的方式进行多级有机朗肯循环，从而带动汽轮机发电，实现了高品位冷能、热能的梯级利用。相比当前传统船舶动力装置可大幅度减少 NO_X、SO_X 等污染物向大气的排放量，具有节能、环保、经济等优点，可适用于绝大多数的 LNG 动力船舶。

应用高效节能系统的LNG动力船舶发动机热效率可达53.45%，相较于同功率传统柴油动力船舶可减少41.40%的CO_2排放。若将全国内河柴油动力船舶全部替换为应用此高效节能系统的LNG动力船舶，保守计算可得，每年可减少CO_2排放0.41亿吨，节能减排效果显著，市场前景广阔。

5 导师评价

该作品聚焦于当今社会能源短缺和环境污染的突出问题，针对采用新型清洁能源的中大型LNG动力船舶，提出了一种基于双回路有机朗肯循环的LNG动力系统高品质冷能和发动机余热梯级利用方法，在利用两级循环回路发电的同时，实现将发动机热效率提高3.5%的目标。该作品立意深刻，研究方法清晰合理，技术路线切实可行，应用前景广阔，对于船舶节能减排与能源高效利用具有重大价值。

6 风采展示(图13.6～图13.7)

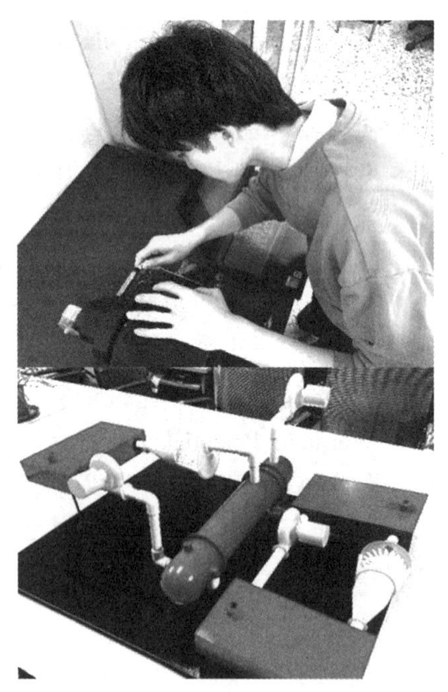

图13.6 作品模型展示

图13.7 参赛照片

智能海上无人污染监控追踪系统

获得奖项：第十四届全国大学生节能减排社会实践与科技竞赛三等奖
指导教师：施悦教授
团队成员：马玉成、张轩野、李帅、李宇韬、林朝靖、王翔宇、王子轩

近几年来，随着海上交通运输业的发展和海洋油气资源的进一步勘探开发，人为或事故性的海上溢油造成的污染事故也更加频繁，对海洋和海岸环境造成了巨大的破坏。为实现对海上溢油现象可靠、长期、稳定的观测，所以本团队自主研发智能海上无人污染监控追踪系统。该系统由以下三个部分组成：海上污染长期监控系统——“定浮标油污监测组网”、油污范围确定系统——“新型溢油追踪漂流浮标”，油污指标确定系统——“智能型水质取样装置”。

1 项目概述

该系统由以下三个部分组成：

(1)海上污染长期监控系统——定浮标油污监测组网是指进行实时水质监测和油污检测并将信息实时传输到岸边接收基站，为海上污染监控提供海量、可靠、准确且具有时效性的水质指标信息，为相关部门的污染治理研究提供宝贵的数据支持。

(2)油污范围确定系统——新型溢油追踪漂流浮标是指漂流浮标待定浮标检测到油污后被投放到油污表面，进行油污追踪，实现油污扩散范围的实时监控，实时传输位置信息至无人船并引导无人船进行水质取样。

(3)油污指标确定系统——智能型水质取样装置是指无人船搭载水质取样装置前往污染海域进行水质取样，确保能在最短时间内将水质样本提供给工作人员，确定污染指标、制定处理方案，摆脱了传统的人工取样方式，提高油污治理的时效性和高效性。

智能海上无人污染监控追踪系统的研发，不仅解决了现有定浮标只能进行信息采集无法进行溢油污染追踪、时效性差、远海数据传输不稳定的缺点，还可以在高危天气下代替海事工作人员进行自动化取样，降低了工作人员的工作风险、确保取样精度并在最短时间内确定处理方案。在国内政策的支持和海上溢油监控的迫切需求下，本系统应用前景广阔。

该平台工作流程如下：

(1)锚钉在溢油事故频发海域的定浮标组网进行实时水质监测和油污检测，并实时将信息传输至岸上基站；

(2)当检测到油污后，定浮标释放漂流浮标追踪并定位污染位置；

(3)无人船搭载水质取样装置接收到定位信号后,前往目标海域进行水质采样;

(4)取样结束后无人船携带污染海水样本返回基站,海事工作人员确定污染指标和处理方案。

2 创新点

智能海上无人污染监控追踪系统主要有以下几大创新点:

2.1 定浮标油污监测组网的设计

新增新型红外油污检测装置的定浮标组被安放在溢油事故频发海域,可提供海量、可靠、准确且具时效性的水质信息,为海事工作人员提供数据参考;当指标异常时,定浮标会向岸边基站发出报警信息,确保海事工作人员在最短时间内制定污染处理方案,提高污染治理的高效性和时效性。

2.2 新型溢油追踪漂流浮标的设计

当定浮标检测到油污后释放新型漂流浮标,继续对油污进行追踪并实时传输位置信息至无人船,引导无人船进行水质取样。其独特的十字风帆结构与使用外表亲油材料,不仅节省了动力原件的能耗,而且具有定位精度高、数据传输稳定、使用寿命长等优点。

2.3 智能化水质取样装置与无人船相结合的技术方案

智能化水质取样装置与无人船相结合的技术方案,不仅能够精准、可调节多方式取样,还能够节省大量的人力、物力、财力,更是能在最短时间内将水质样本提供给工作人员,确定污染指标、制定处理方案,减少污染治理迟缓所带来的经济损失。

3 关键技术点

3.1 海上污染长期监控系统——定浮标油污监测组网

本作品将大量的新型定浮标设定在频受污染的海面上,用于监测水质参数指标(酸碱度、电导率、溶解氧、水温、浊度、氨氮、化学需氧量等参数),定浮标间彼此形成通信局域网,可以相互传递位置指令信息。设立浮标网为海上污染监控提供海量、可靠、准确且具时效性的实时数据,当指标异常时,定浮标会向岸边基站发出报警信息,确保海事工作人员在最短时间内制定污染处理方案,提高污染治理的高效性和时效性。为了更好地监测油污,本团队在油污检测功能上进行了创新,设计出新型油污检测装置,可实现短距离的污染物快速检测。本作品体积小、质量轻,安放在定浮标上不会对定浮标稳定性造成影响,可进行实时检测油污,并且通过通信系统相互配合,发出预警至岸边基站。

3.2 油污范围确定系统——新型溢油追踪漂流浮标

浮标向岸边基站发出报警信息后,会释放大量体型微小的漂浮标。漂浮标会不间断向定浮标传输位置信息,用于确定污染扩散的范围。同时,无人船接收到定浮标和漂浮标的报警指令后,会自动前往污染处进行水质采样,返回岸边基站后提供样本给海事工作人员做研究,确定污染指标和处理方法。漂浮标采用十字风帆结构,在水中可以利用水流,顺水流而行,加之上层包裹亲油疏水的吸油棉使整个漂流浮标有较好的亲油性,从而能够跟踪油污确定扩散范围和位置信息。定浮标检测到油污后自主释放漂流浮标,浮标释放后启动定位系统,不断地将污染位置信息通过无线电波传输到定浮标,定浮标再经过定浮标通信网络将油污位置信息传输到岸边接收基站,实时监测污染扩散范围和位置信息。

3.3 油污指标确定系统——基于无人船的智能水质取样装置

为实现高效率、高精度、自动化采集样本的需求,本团队自主设计智能化水质取样装置。水质取样装置由缸体、真空泵、储样瓶、转盘、低速电机、传送带、电磁阀、挡杆、液位传感器组成。采用水质取样装置与基于人工智能的控制板块相结合的技术方案,实现取样、密封、储存一体化。该装置具有可调节取样体积、自动补充与密封的优点,其气密性良好,样本污染与泄露的可能性低,同时也能够提高工作人员确定污染指标的准确度。真空泵驱动取样管抽取海水样本,液位传感器发出信号代表达到取样体积。若不合格,则继续进行取样;若合格,在电磁阀控制下进行灌装。灌装完毕后,管口上端设置胶塞密封器完成密封,轮盘转动后将储样瓶内被固定的挡杆推入 0 ~4 ℃的储存箱中,并由补充带完成对轮上储样瓶的补充,从而提高取样次数。

4 市场前景

与团队研发的智能海上无人污染监控追踪系统相对比,现今市场上还没有一套成熟的海洋环境监测跟踪取样一体化的系统,可以实现海上污染自动监控取样。且现有的海上污染监控多以人工操作为核心,具有通用性差、处理成本高、效率低、危险系数高等缺点。

经济性分析:智能海上无人污染监控追踪系统在投入使用后,可顶替海事工作人员进行实时油污监控和自动化取样,其预警功能可减少油污扩散面积所带来的环境污染和财产损失;本装置可减少90%左右的人力使用,如应用于面积为1 km^2污染排放监控便节省18.9万元/月的人工雇佣费用,还能节省人员驾驶船只用于监测所消耗的燃料费用,而且保障了海事工作人员的人身安全,同时本身成本也远远低于市面上的油污监测系统。若投入使用,经济效益前景广阔。

本作品可应用于海上、湖泊进行污染监控、可减少90%左右的人力使用，相比于现有的无人机和小型监测基站的监测方式，本作品成本极低，仅为其23%左右。若广泛应用，预估节约成本132.6亿元。在投入使用后，能够在第一时间内发现油污并向海事工作人员发出预警，提高处理的时效性，减少因污染发现迟缓所带来的经济损失。

5 导师评价

智能海上无人污染监控追踪系统的设计实现了海上溢油污染监控追踪取样一体化，有效地解决了现有定浮标只能进行信息采集而无法进行污染追踪、时效性差、远海数据传输不稳定的技术难题。它可以在高危天气下代替海事工作人员进行污染取样、降低了工作人员的工作风险、提高时效性，降低经济损失。可应用于海洋、湖泊等污染监控行业以及代替海事工作人员进行高危海上作业。

此作品符合国家深入打好污染防治攻坚战的发展战略。智能海上无人污染监控追踪系统的设计可实现海上污染实时监测、追踪定位、取样分析，具有良好的推广前景和应用市场。

6 风采展示(图14.1～图14.7)

图14.1　平台工作流程

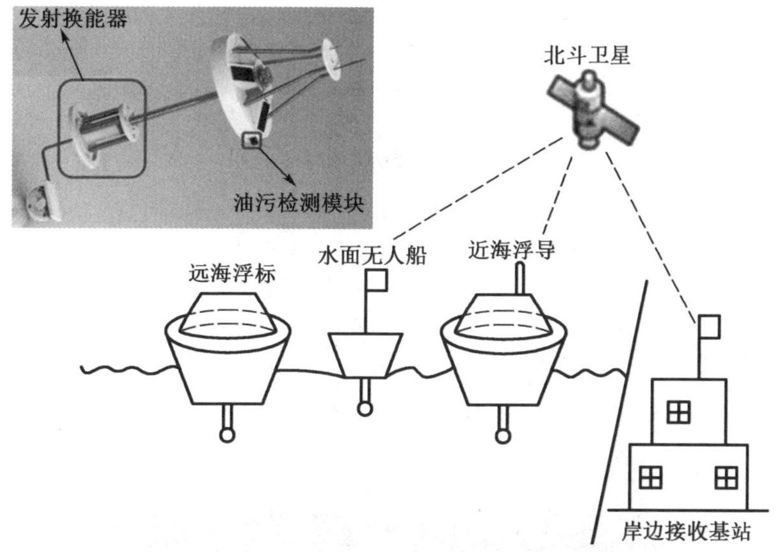

图 14.2　浮标结构特征图和浮标组通信概念图

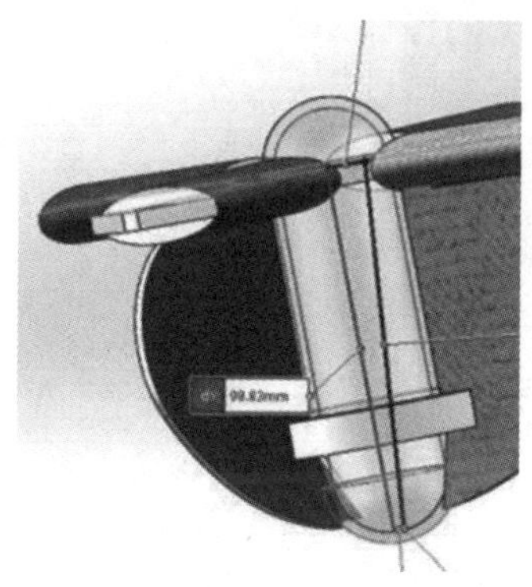

图 14.3　漂浮标结构建模图

图 14.4　漂浮标实物图

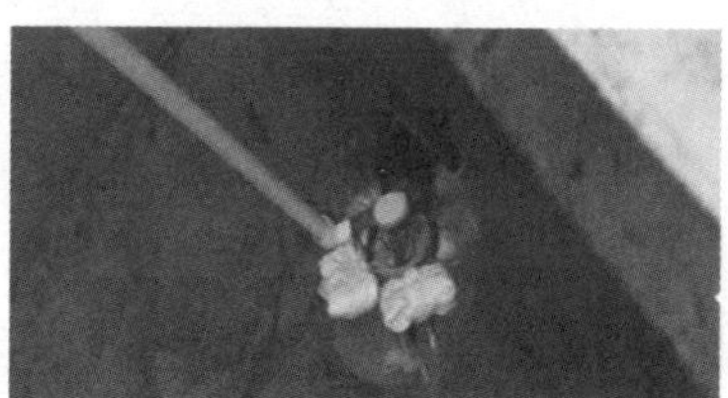

图 14.5　漂流浮标下水浮行实验照片

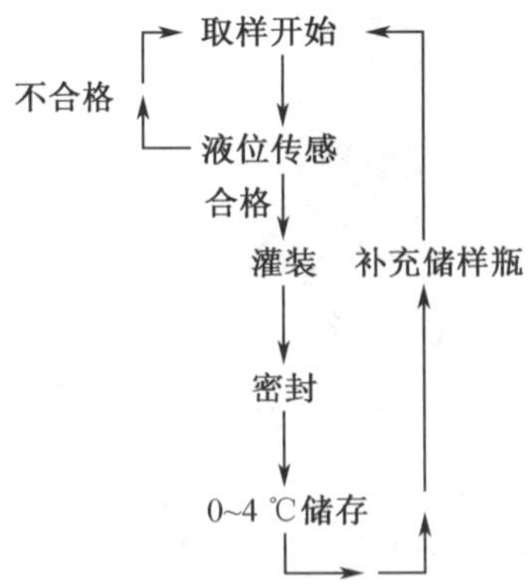

图 14.6　工作过程流程图

图 14.7　水质取样装置整体建模仿真图

自清洁式餐厨垃圾固废资源化快速处理装置

获得奖项:第十四届全国大学生节能减排社会实践与科技竞赛三等奖
指导教师:王忠义教授
团队成员:王锦洋、宋天楚、覃子珍

假期在餐厅勤工俭学时发现餐厨垃圾处理困难且日产量大,于是展开广泛调研,发现此类问题普遍存在。同时2021年3月,习近平同志提出了“碳达峰”“碳中和”的规划,其中餐厨垃圾是碳排放源头之一,而现有餐厨垃圾处理站并没有很好地实施碳中和的能力,且每年有540万吨餐厨垃圾变为地沟油,危害国民健康。因此,团队决定研发一款可变废为宝、为民利民的餐厨垃圾处理装置,期望解决实际问题。

1 项目概述

餐厨垃圾沿入料管进入两级固液分离核心装置进行固液分离。耦合式自清洁一级固液分离装置通过往复式平推使餐厨垃圾中绝大部分液体沿过滤栅间隙流入废水箱中储存,固体垃圾被刮板推入料斗进入下一级分离装置;固体垃圾沿料斗进入双线程对向螺旋挤压分离装置进行二级脱水,二级脱水使固体垃圾的含水量更低并压缩减小体积,脱水分离出的废液沿螺旋管壁流至两侧开口,固体垃圾经压缩后残渣进入集渣桶内储存;废液从螺旋管两侧开口流出至废水箱中储存。

针对餐厨垃圾伴随的恶臭异味,本作品设计了一种带有中空式旋流器的双作用引射式异味处理装置。通过引射作用可以同时对异味气体进行物理稀释和化学降解,以降低异味气体排放的影响。设计过程中,要综合考虑进气量、起旋效果、气液掺混效果等因素,我们借助CFD软件辅助计算流动情况以确定装置流道与旋流器关键参数。

2 创新点

自清洁式餐厨垃圾固废资源化快速处理装置主要具有以下几大创新点:

2.1　具有自清洁功能的一级固液快速分离装置

餐厨垃圾处理过程中将固体垃圾与液态废水分离是至关重要的一步,其不仅需要良好的分离效果同时要有较快的分离速率以提高垃圾处理量,而餐厨垃圾具有黏性强、污染物颗粒较多的特点,极易堵塞处理设备。本作品打破现有处理结构及运动方式的固有思维,创新设计了耦合式具有自清洁功能的防堵塞固液分离装置。餐厨垃圾进入装置后,大量固体垃圾积攒在过滤栅网上,通过与过滤栅网间隙高度耦合的刮板一次性清出进入下一级分离装置,提高了处理速度。同时刮板与栅网间隙的耦合部分会延伸到过滤网间隙内清理细小垃圾完成自清洁。而垃圾废液在重力的作用下通过间隙快速流通到装置下部的贮水桶中,不仅提高了分离速率,同时还能够冲洗栅网间隙防止堵塞。

2.2　双线程对向挤压、变螺距螺旋的二级高强度挤压装置

通常螺旋挤压装置设计工况为挤压高含水率固液混合物,但经本作品一级分离后的固体垃圾虽降低了含水率,但还是含有少量废液。因此,需要重新设计一种高强度挤压脱水的螺旋挤压装置进一步提高分离效果,要在适配一级高效分离带来的大量垃圾前提下,满足螺杆与叶片的强度要求。作品采取双线程对向挤压的方式不仅提高了挤压效率,同时不易堵塞、挤压程度高;采取变螺距螺旋叶片打破了变直径螺杆的固有思维,在保证挤压效果与应力分布合理的基础上降低了加工难度。自主设计双线程对向挤压、变螺距螺旋的二级高强度挤压装置,将经一级分离后低含水率垃圾进一步挤压脱水并缩小体积,最终,餐厨垃圾除水率达到90%。

2.3　双作用引射式异味处理装置

餐厨垃圾中多种污染物颗粒与废液、废油混合,极易发酵产生有害气体危害垃圾处理人员的身体健康,最有效的方式是利用有害气体处理液对垃圾进行喷淋降解,但其高昂的成本导致实际应用十分受限。本作品创新设计了双作用的气液两相引射器,通过将空气与有害气体充分掺混稀释(稀释法)、液化处理液液滴与有害气流充分起旋掺混降解(降解法)的双作用,大幅降低了排放气体中有害气体的含量,以低成本、高成效的方式防止垃圾异味的散发。

3　关键技术点

3.1　耦合式自清洁固液分离装置设计

预分离装置设计要考虑防堵塞性能、分离效果与加工难度等方面。预分离将来流餐厨

垃圾中的固体与大部分液体相分离,因此需要保证来流液体的顺利流动,同时还要保证固液分离效果。

装置的防堵塞性能是设计的关键,防堵塞性能可以从筛网密度及运动部件结构两方面入手设计。其中,过密或过疏的滤网都会导致分离效果不佳。筛网过疏会造成大量固体垃圾随废液流走,筛网过密会造成液体垃圾流动差,还会产生加工困难、结构强度不足等问题。所以选择合适的筛网密度以减小液体流过的阻力是十分重要的,其应有利于液体顺利流过,同时还能够留下大部分固体垃圾。筛网平台以尼龙为材料,保证强度的同时方便加工。滤网间隙宽度为 2 mm,使用 Fluent 软件进行仿真计算并通过实验验证液体能够顺利流下并留下绝大多数固体垃圾。由最终计算结果可以得出,选取宽度 2 mm 的筛网间隙,能够使液体流动时的压力损失降低,流速损失减小,从而能够保证液体顺利留下,满足需求。

3.2　双线程对向螺旋挤压分离装置设计

装置的压缩分离效果是设计的关键,压缩分离效果可以从螺旋体结构形式入手设计。螺旋体的螺距、转速等因素,都会对压缩和分离效果产生影响。餐厨垃圾处理转速对于除水压缩性能的影响较小,所以选择合适的参数与结构形式是螺旋挤压设计的核心。本作品螺旋挤压前经过高效的固液预分离过程,液体对螺旋挤压的影响大大降低。因此,螺旋体可以打破常规仅使用变螺距结构形式,方便加工,压缩比初步设计为 2。使用 Fluent 软件对装置内部流动进行仿真计算得到压力分布情况及装置内部整体流动情况。由最终计算结果可以得出,二级分离螺旋体内部由外侧向内侧压力逐渐增大,符合实际情况。在螺旋挤压作用下,固体垃圾主要集中于螺旋体固体出口侧,液体垃圾主要集中于螺旋体液体出口处,符合实际情况。

此外,由于一级分离的处理,螺旋体长度也可以大幅度缩短,本作品设计了双线程对向螺旋挤压分离装置。采用双线程对向挤压,螺旋体整体受力情况相对于传统形式的螺旋体更优,螺旋体可以自平衡大部分轴向力,降低强度需求,方便轴承组排布。通过试验验证,本作品设计的螺旋体可以达到良好的压缩除水效果且满足强度需求。

3.3　双作用下引射式异味处理装置设计

异味处理装置设计要考虑进气量、起旋效果、流动阻力、气液掺混效果等因素。异味气体进入装置内部与被引射的空气进行掺混,再引入处理液进行二次掺混。因此,需要保证装置内部的流动情况。

旋流器对装置内部的起旋效果、流动阻力、掺混效果起着很大影响,因此是异味处理装置设计的关键,可以从叶片偏转角、处理液入口位置、防回流措施入手设计。旋流器偏转角决定气体在装置内流动的阻力和掺混能力,选择一个合适的角度是非常重要。此外,处理液需要从锥形口被主流气体引出,处理液的出口位置及朝向选取十分关键,为此将出口位置选取在流速最大处即装置喉部且出口位置为背风方向。处理液液滴从锥形出口引出后进入旋流器叶片背后低压区而回流,撞击到旋流器叶背并与主流气体掺混排出处理装置。使用 Fluent 软件对不同偏转角下装置内部流动情况进行仿真计算得到空气引射情况及气液掺混效果。由最终计算结果可以得出，在保证引射量的情况下，气液掺混效果较好。

4 市场前景

本作品解决了餐厨垃圾难处理这一社会问题，该产品的广泛应用可以有效推进餐厨废弃物无害化处理和资源化利用进程，主要应用于以下几个方面：

(1)学校、公司食堂就地处理。

本作品可以应用于学校、企业等食堂，对食堂的餐厨垃圾进行处理，最大限度地减少餐厨垃圾对于环境卫生的影响。

(2)生活小区、村镇区域处理。

本作品也可应用于小区，针对小区居民的餐厨垃圾进行回收。餐厨垃圾不同于其他垃圾，易腐败，容易产生异味，滋生细菌害虫。应用本作品对餐厨垃圾进行及时处理，极大地改善了小区居住环境。

(3)餐饮企业点式处理。

本作品应用于餐饮繁华地段，可以及时对大量餐厨垃圾进行压缩、打包处理，既防止了餐厨垃圾在短时间内大量堆积，对周边环境的影响，又减轻了餐饮繁华地段的餐厨垃圾运输处理的压力。

(4)游轮、船舶等封闭区域处理。

对于海上船舶等与大陆隔绝的空间，其具有空间有限，资源应最大化利用的特点。为实现空间的最大化利用，可以采用本作品进行餐厨垃圾处理并打包再利用，减少空间内废弃物的堆积。

(5)链接垃圾处理站，形成垃圾处理网络。

依托本作品可以建立小型垃圾中转站，填补大型垃圾处理厂辐射范围外的空白区域，有效处理餐厨垃圾可以大大降低运输成本，形成大型处理厂与小型中转站的网络化垃圾处理体系。

5 导师评价

为实现资源的循环利用，改善我国的生态环境，有必要针对餐厨垃圾处理回收的需求设计系统化装置。该作品以自清洁、固废资源化快速处理的两级固液分离装置为核心，针对成分复杂的餐厨垃圾处理和资源化利用制定了相应的方案，解决了餐厨垃圾固液组分难分离的难题，同时控制了垃圾散发异味的情况，完成了餐厨垃圾固废资源化利用，具有一定的创新性与工程应用价值。该作品为创新产品，有一定的技术含量，在完成优化与系统匹配后具有一定的推广价值，可广泛应用于餐厅、食堂、垃圾处理工厂、居民小区等地的餐厨垃圾处理工程，对建立资源循环型社会有着重要意义。

6 风采展示(图 15.1 ~ 图 15.3)

图 15.1　作品实物图

图 15.2　控制电路

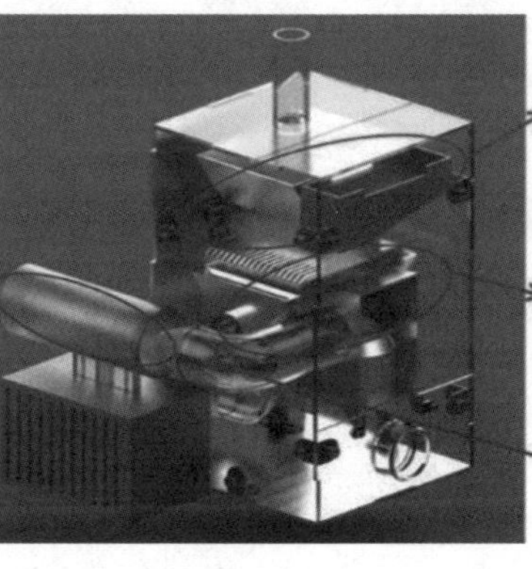

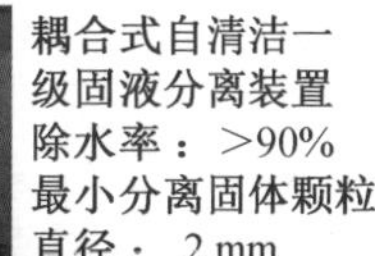

图 15.3　参赛图片

中国研究生
能源装备创新设计大赛

近零排放液氨相变冷却式冷热电三联产装置

获得奖项："杰瑞杯"第八届中国研究生能源装备创新设计大赛校赛一等奖
指导教师：范立云教授
团队成员：魏云鹏、刘畅、毛运涛、张瀚文、兰奇

随着环境污染、温室效应问题的加剧，减少碳排放已成为未来一段时间的核心发展趋势。在低碳替代燃料开发过程中，氨燃料作为低碳替代燃料之一，具有高抗爆性、高储能以及可实现无碳燃烧等优势，但在应用过程中仍存在燃点高、热值低、火焰传播速度慢等问题，导致氨燃料发动机存在体积效率低、燃烧效果差等问题，限制了氨燃料发动机的推广和发展。而对动力系统进行创新设计可使氨燃料的应用推广变得更加可行。本作品首先采用氨燃料的抗爆性能氨燃料喷射系统对氨进行高压直喷，并掺混柴油进行燃烧，其次采用双作用热泵模块作为系统的热管理模块提高发动机运行压缩比。并采取柴油引燃，有效地解决了氨燃料发动机体积效率低的问题，加快了燃烧速度，改善了热效率。

1 项目概述

长期以来，氨一直被用作氢燃料电池的携氢载体而忽视了其直接作为内燃机燃料的潜质，关于氨在发动机中的应用，国外的研究时间较早，成果上也较为成熟。20 世纪六七十年代，美国汽车工程协会（SAE）曾发表了多篇有关氨燃料和氨发动机方面的学术文章。美国从 2004 年开始，每年举行一次"氨学术交流会议"，其中，2008 年的会议主题是"氨——美国能源独立的关键"。国外先后将氨成功地应用于从轻型到重型的各种车辆上，其研究发现，在汽油机的压缩比下使用氨燃料，应采用增压技术和废气燃料重整技术来满足发动机的动力性能要求；应用于航天飞机、火箭等设备，作为动力源。对于氨燃烧的也进行了较深入的研究，比如当量比和压缩比的选取、混合燃料掺烧等。

而我国对氨燃料发动机的相关研究尚处于萌芽阶段，国内仅有数例氨燃料发动机方面的报道。例如，乙炔氨火箭推进剂研究、汽油－液化气双燃料发电机组上对氨气－液化气混合燃料的实验研究、氨－正庚烷混合燃料发动机缸内燃烧研究等。天津大学现已有快压机，王昆老师已申请到重点实验室的设备基金，搭建流动反应管，预计 2021 年就可以模拟燃料的着火特性和中间自由基的演化历程。定容燃烧弹正在搭建，可以模拟船机空间尺度下的氨燃料在船机压力和温度下的燃烧特征。研究内容也都集中在用实验去寻找氨燃料的

应用方案,但未能揭示其本质。研究的范围较国外窄,研究的深度也较国外浅。

针对上述问题,本作品针对船舶动力系统进行创新,使系统在原有的基础上,排放性能更加完善,经济性更加突出。以目前船舶动力常用动力系统为例,通过调研三种系统并进行对比,我们发现,相比于常规系统,本作品应用于动力系统,在碳排放大幅降低的基础上,每年可节省50%左右的运行费用,具有广阔的应用前景。

2 创 新 点

2.1 氨燃料喷射系统设计

目前,国内氨燃料喷射技术尚不成熟,难以满足发动机喷射需求。本作品设计了具有自主知识产权的氨燃料发动机核心部件——氨燃料喷射系统,由供给高压油泵、低压供气泵、双层防泄漏共轨管、氨燃料喷射器构成,供给高压泵与共轨管是高压共轨系统的一部分,起到精准控制氨燃料压力的作用。供给高压泵主要由提供转速的可逆电机和直列油泵组成。轨管设置共轨管和连接管,实现燃料供给和喷射间的转换。氨燃料喷射器通过设计液冷控制管路,实现氨燃料的液态大流量喷入,由于喷射压力不同,所以改变了燃料喷射器的复位弹簧力,增加了燃气密封环路,对燃料供给和回收处也进行密封处理。

2.2 双作用热泵模块设计

针对液氨-柴油双燃料发动机能量利用率低的问题,首次成功设计了以氨作为工质的双作用热泵模块实现残余热量的梯级利用,提高系统续航能力。模块由高低功率双压缩机、实现不同功能的换热器以及阀组构成。充分利用液氨高汽化潜热,减小压缩机功耗。通过阀组配合,可实现多种工作模式同时运行,即常规制冷循环、空气源制热循环、废热源制热循环,通过与柴油机耦合运行,实现余热利用,提升整个装置能量利用率。本作品可实现冷却需求、在寒冷条件下热机的冷启动需求、系统热机余热和废气余热等能量梯级利用。

3 关键技术点

3.1 液氨-柴油双燃料发动机模块

氨燃料发动机是整个系统的主体,也是本作品的核心内容,如图16.1所示。本作品的发动机样件是在传统柴油机基础上进行改动,针对设计过程中明确了以下几点:

(1)氨燃料采用高压直喷,而非低压气体喷射的方式;

(2)采用氨气掺混柴油燃烧的形式,而不是纯氨燃烧;

(3)氨燃料的抗爆性能氨燃料喷射系统是发动机的核心部件。

(4)氨燃料喷射器采用高压大流量直喷(压力 700 Mpa,流量 2.6 mm^3/min)以解决氨燃料发动机体积大效率低\燃烧困难的问题;

(5)采用柴油引燃液氨的形式,解决氨燃料燃点高的问题;

(6)鉴于氨燃料具有抗爆性能好的特点,采用 20 的高压缩比(通常柴油机压缩比为 13~16),有利于提高热效率;

(7)氨燃料具有一定的腐蚀性,经常更换橡胶密封圈和易腐蚀材料阀部件;

(8)重视整体系统内部氨燃料的泄露问题,设置燃油密封环路。

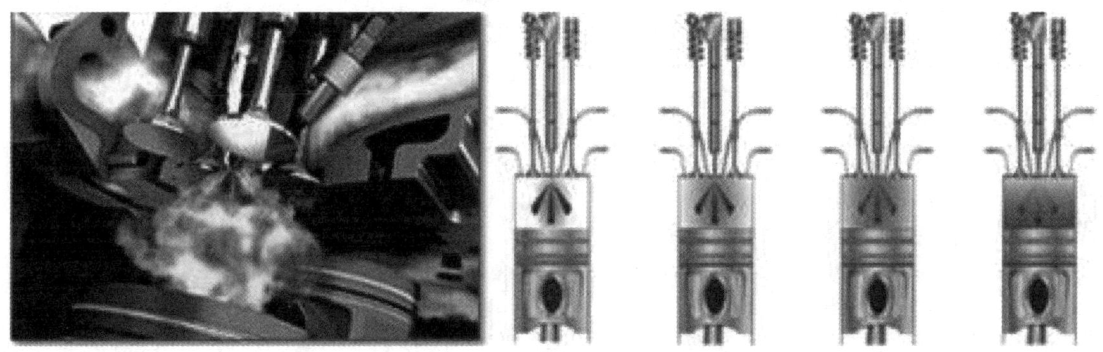

图 16.1 双燃料发动机原理图

3.2 双作用热泵模块

本模块作为系统的热管理模块,如图 16.2 所示,实现两项功能:

(1)兼顾装置一体化的考虑,以液氨为工质,设置高低功率双压缩机,充分利用液氨相变的高汽化潜热;

(2)利用热泵实现残余热量的梯级利用,提高系统续航能力。本作品过阀组的控制,切换工质流动方向,切换三种工作模式,即制冷、空气源制热、废热源制热模式,实现与柴油机耦合运行,从而提高能量利用率。

实现热管理模块的双作用功能,满足下述需求:

(1)实现冷却需求:充分利用液氨的高汽化潜热特性,将其作为制冷剂。因此,只需要搭配一个功耗较小的压缩机即可实现系统的制冷需求;

(2)实现在寒冷条件下热机的冷启动需求:在冬季寒冷环境下,热机有预热需求,热泵系统通过发动机回路将热量吸收并施加给热机,完成热机预热。

(3)实现系统热机余热、废气余热等能量梯级利用:通过发动机回路的热交换器进行废热回收,实现热泵制热的工作模式。而当在加热需求难以满足的条件下,为了实现乘员舱和电池箱内温度快速响应,直接采用暖风芯体回路的高压 PTC 进行加热。

图 16.2　液态氨相变冷却式双作用热泵模块

4　市 场 前 景

尽管人们对氨燃料的研究仍处于起步阶段，但氨作为发动机燃料可以解决目前氢发动机推广应用过程中的诸多技术难题。并由于其自身的优良特性，氨燃料发动机推广应用势在必行。

本作品可应用于船舶动力系统，使系统在原有基础上排放性能更加完善，经济性更加突出。以目前船舶动力常用动力系统为例，通过调研三种系统并进行对比，我们发现，相比于常规系统，本作品应用于动力系统，在碳排放大幅降低的基础上，每年可节省 50% 左右的运行费用。

通过改进燃油替代率和热效率，每艘船每年可节省 20 万元。我国是航运大国，仅 500 t 以上的民用船舶就有 20 多万艘，且每年以 5 000 艘的速度在递增，也就是说，每年可节约 10 亿元。根据反应式计算，采用氨燃料发动机可减少 80% 的 CO_2，SO_2 排放达到 Tier Ⅲ水平，PM 可达到近零排放，符合国际海事组织（IMO）对船舶温室气体排放的要求，即每年可减排 10 亿吨温室气体。

5　导 师 评 价

该作品的搭建、调试、实验、采集等均由该团队成员完成，且作品申报情况属实。作品计了柴油－氨双燃料发动机，对氨燃料高压直喷的相变可控，使发动机在平稳运行的情况下输出功率；通过自主设计的双作用热泵热管理模块，实现动力装置多模式运行，提升整个装置的能量利用效率，弥补氨燃料发动机效率上的不足。装置可显著减少 CO_2、NO_x 排放，实现低碳、高效工作，可广泛应用于新能源汽车、船舶动力及分布式发电等领域，对国家实现“碳达峰”“碳中和”具有重要意义。

6 风采展示(图 16.3～16.6)

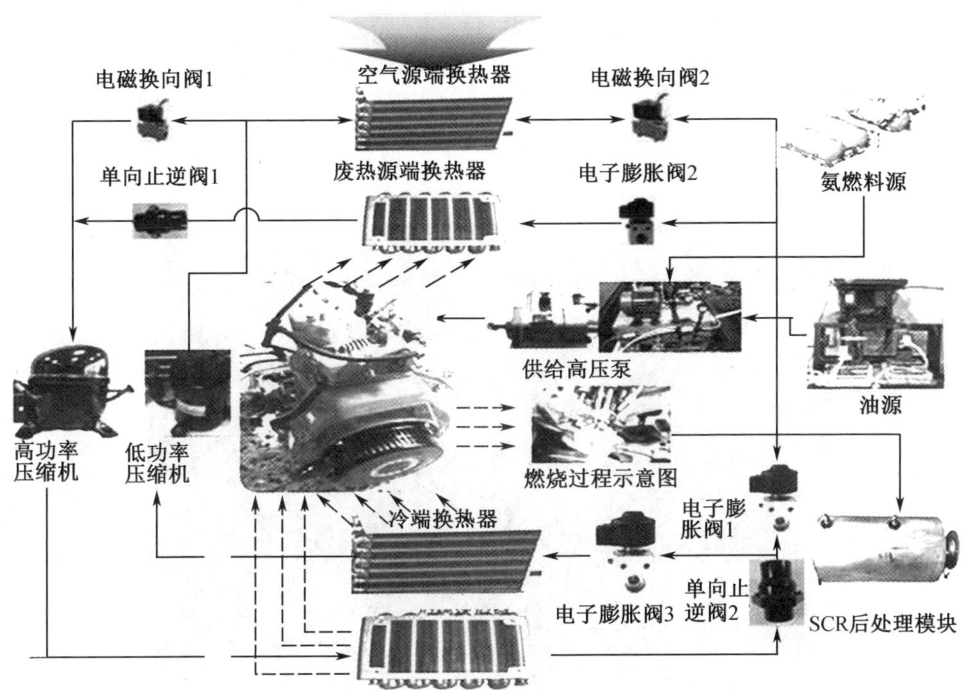

图 16.3 装置示意图

图 16.4 液态氨相变冷却式双作用热泵模块

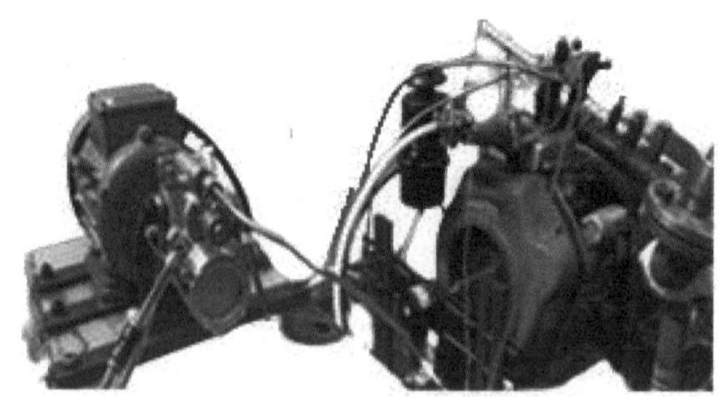

图 16.5　发动机实物图

图 16.6　参赛照片

节能智能一体化供气系统实验机

获得奖项："杰瑞杯"第八届中国研究生能源装备创新设计大赛校赛二等奖
指导教师：杨立平教授
团队成员：韩冰、冀帅壮、牛文清、高婧、张风林

在我国提出"碳达峰"和"碳中和"的目标背景下，液化天然气船(简称LNG船)的数量近年来增长快速，针对LNG船的研究也如雨后春笋，但是目前LNG船依然存在两方面的问题。一方面，船舶LNG气化和高温废气中的能量无法得到回收利用，目前液化天然气(LNG)在气化过程中仍依赖于缸套水换热才能够得以实现，这造成了冷能的浪费，同时直接将600 ℃以上的高温废气排放进入大气环境又不可避免的造成了热量浪费。另一方面，供气燃料管路普适性较差，工况改变后蒸发量随动性差。针对当前LNG船所存在的问题，我们对应设计实现LNG供气系统冷能与发动机余热的综合利用，以及LNG供气系统工况匹配与换热工质流量可变控制。具体目的如下：利用发动机高温废气、LNG、缸套水3个热源搭建2个有机朗肯循环实现对天然气发动机余热的高效回收利用；另一方面，设计双回路朗肯循环实现流量可变控制，在天然气发动机工况改变后及时根据工况变动改变LNG的换热流量，保证供气系统中的天然气流量始终等于目标供气量。

1 项目概述

本作品按照理论指导实践的方式进行项目创作，首先利用GT－power仿真建模开展理论验证，其次用Creo进行三维模型的搭建，最后根据仿真结果进行实物制作，实现了理论计算与实际验证的结合，针对当前LNG船当中所存在的问题进行有效解决，为国家节能减排战略添砖加瓦。

2 创新点

2.1 提出基于有机朗肯循环的LNG动力系统冷能与发动机余热综合方法

本项目设计提出了一种基于有机朗肯循环的LNG动力系统高品质冷能和发动机余热综合方法。通过系统仿真和优化设计，实现LNG动力系统冷热能的综合利用。在能量回收

方面，选取了有机朗肯循环作为能量回收方式，这是因为有机朗肯循环比起其他常见能量回收回路（如斯特林循环、半导体发电循环等），在实现高效率运行的同时还具有回路简单以及具备更高的稳定性的特点。目前而言，搭建有机朗肯循环对高温废气的热量进行回收是船舶能量回收的一种常见形式，也确实存在直接利用高温废气和低温 LNG 搭建有机朗肯循环进行能量回收的形式。但是直接利用高温热源搭建能量回收循环导致了过高的循环温差，使得难以找到中间循环的有机朗肯工质。因此，我们拉入缸套水作为中间热源进行了双循环设置，双循环的设置增大了整体的循环温差增加能量回收效率，可以实现将发动机热效率提高 3.5% 的目标。

2.2 提出基于双回路流量耦合控制方法

本作品设计提出了基于双回路流量耦合控制方法，通过准确控制双回路流量泵的输出流量进行系统能量高效利用的优化。船舶在实际工作过程当中，有启动、加速、巡航、减速、停机等多种工作状态，不同的工作状态下排入涡轮的增压废气流量、发动机所需 LNG 喷入量，以及系统的过量空气系数均有所不同，在不同工作状态之间切换时将导致这些变量产生波动。这三个变量之间存在密切的耦合关系，如果单纯地对某一项变量进行调整，将导致另外两项出现不可控制的变化，进而使得能量损失增加以及工作状态恶化，所以需要合理处理三者之间的耦合关系，减少工况波动所带来的损失。因此，本作品设计根据工况变动实现 LNG 工质流量可变控制，解决流量波动所带来的系统不稳定影响，减少能量损失并且提升发动机的工作效率。

3 关键技术点

3.1 工质选择

在有机朗肯循环过程中，有机工质为影响系统运行性能的重要影响因素之一。目前有机朗肯工质的选择主要根据工质热力学性质、安全性、环保性三个方面进行选择。所供选择的工质主要分为干工质、湿工质和等熵工质。在一定的工作条件下，选择湿工质可能出现液体进入透平的情况，这样会造成对器件的冲蚀，甚至会损坏叶片。选择干工质和等熵工质则可以有效避免出现膨胀做功后进入两相区的情况。选择蒸汽密度较大的工质，在密度较大的情况下会缩小体积流量，使系统更加紧凑，减少投资成本。选择能满足系统换热需求的具有合适比热的工质，保证工质具备较强的换热性能。在换热量一定的情况下，换热性能强的工质可以使换热器件的负荷减小，换热速率加速。工质的临界温度应与热源温度相近，这样可以降低由温差带来的不可逆损失，增加热源的回收利用率。安全性方面要考虑实际运行过程中可能发生的意外。需要选择化学稳定性高、无毒或毒性较低、可燃性较低、兼容性较高的工质。一旦发生泄露等意外，可以最大限度地降低对人体的伤害，同时可以降低对管路和设备的损坏，降低产业损失。对环保性方面而言，目前公认的工质环保性的评价指标主要有两个:臭氧消耗潜值(ozone depression potential,ODP)和全球变暖潜值(global warming potential,GWP)。两个指标越高,说明工质对环境的破坏性越大,因此要选择两个值都较小的工质。

3.2 换热器选择

换热器选择方面,本项目计划采用分区域建模法,以冷流体的三个相区进行区分。首先对冷源侧的过热区域进行计算,然后是两相区和过冷区,这样可以更加精确地对各个相区的出口温度进行迭代计算。采用效率－传热单元数法对不同相区下的换热器尺寸分别进行计算:给定蒸发压力,根据换热器有效度和两侧进口温度,可以得出此相区内的出口温度,进而可以获得此相区内的各个物理量,计算两侧的换热面积,最终获得换热器尺寸。

4 市场前景

目前在全球范围内已有2 000余套的有机朗肯循环装置在实际船舶上运行。自20世纪80年代起,各国针对船舶烟气余热的回收与利用研究开始兴起,研究人员逐渐重视对于船舶烟气当中所剩余热量的利用,致力于将余热当中的热量进行回收利用,从而进一步提升发动机热效率。随着国际油价的上涨与主机功率的上升,船舶制造投资回收期急剧缩短,大量的实例证明应用余热回收技术具有非常好的经济性,受到了广大船东们的认可。而本项目在提高整体能源利用效率、节约燃料成本、减少大气污染物排放量以及应对不同工况等方面具备巨大潜力,特别是在经过以济柴12V190ZDT(680 kW)纯气体机作为实验原型机为例验证之后,本项目能够让发动机能源利用效率实现进一步提升,从而在一定程度上减少 CO_2 的排放,若该作品可以在全国范围内积极推广,预计每年可减少船舶航运业0.41亿吨的 CO_2 排放量,具有十分可观的降碳前景,为加快我国实现“碳达峰”的脚步做出贡献。

在本作品当中采用缸套水双循环加入有机朗肯循环当中的方式能够进一步强化对发动机余热进行利用,实现将发动机热效率提升3.5%的目标。同时通过对双回路流量进行耦合控制的方式能够实现对发动机整体能量的高效控制,达到发动机动力性以及经济性之间的平衡,具有较为广泛的市场前景。

5 导师评价

该作品针对船舶气体机的能量浪费和进气不稳定情况做了针对性研究,研究成员结合有机朗肯循环和变流量控制为相关问题提供了解决方案。项目研究中,团队成员积极主动参与课题研究活动,在作品研究流程中团队成员与指导教师始终保持联系,获得了仿真试验、3D建模、模型制作等阶段性成果,预计可为船舶节能减排和安全性控制方面提供较好地理论指导。同时,希望团队成员可以在日后的学习中继续积累知识和经验,发展自我学习能力、科研能力、创新能力,在研究生活中继续再接再厉。

6 风采展示(图 17.1 ~ 图 17.4)

图 17.1　节能智能一体化供气系统实验机实际装置图

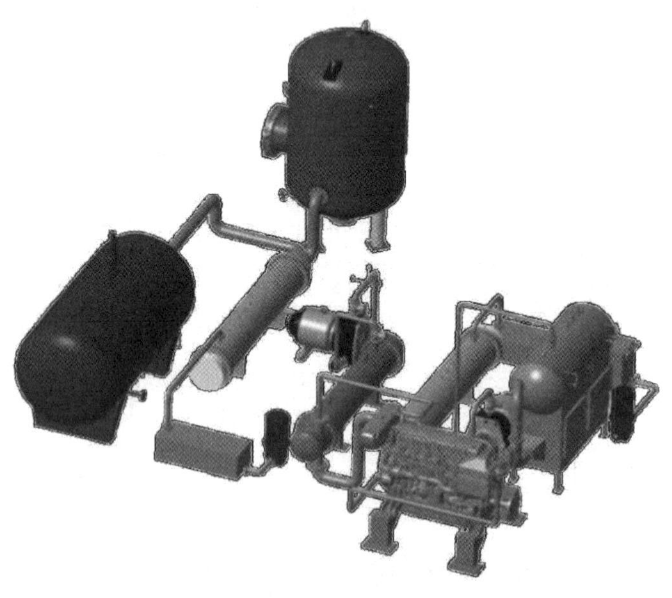

图 17.2　节能智能一体化供气系统实验机 3D 模型图

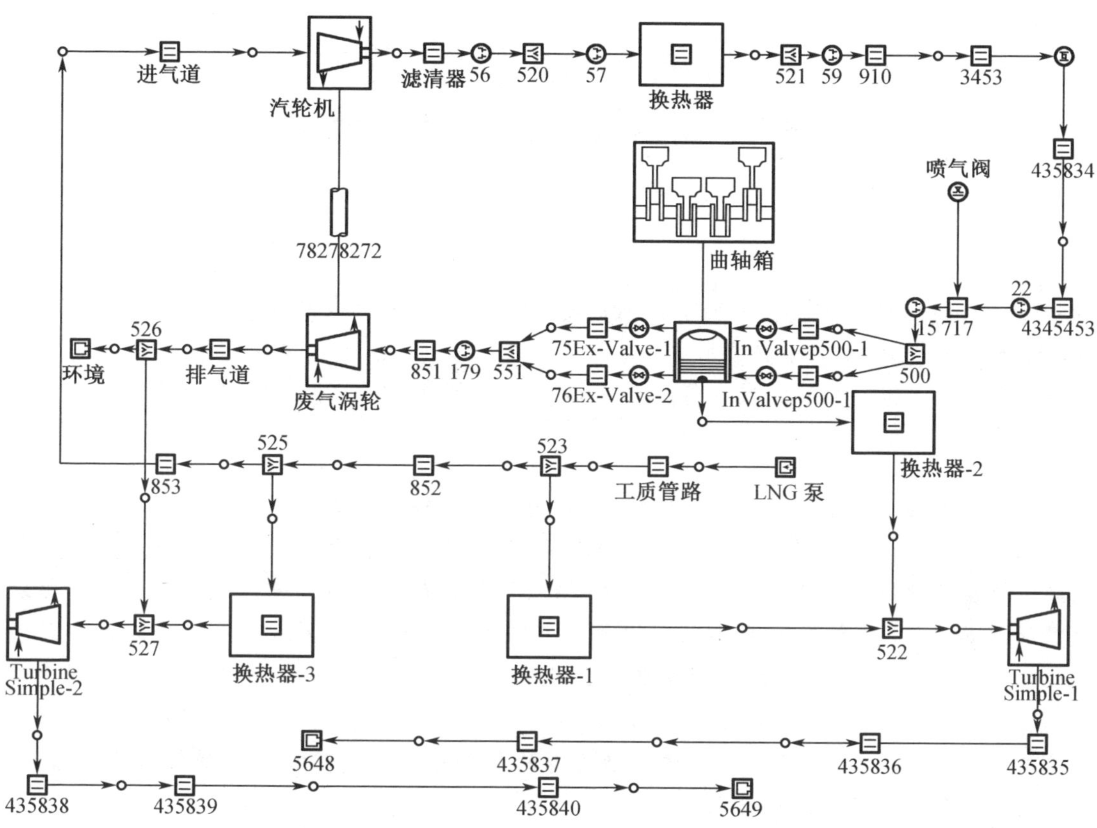

图 17.3　节能智能一体化供气系统实验机 GT 模型图

图 17.4　参赛照片

具有脱硫功能的烟气余热回收综合利用技术

获得奖项：“杰瑞杯”第八届中国研究生能源装备创新设计大赛校赛二等奖
指导教师：王忠义、王艳华教授
团队成员：任永鹏、李晨硕、赵佳、高珊、王大维

目前我国的脱硫企业数量依旧较少，同时余热回收技术也存在一定缺陷。工业耗能中50%以上的能源以各种形式的余热被直接废弃，各行业都存在大量余热尚未被充分利用的问题。自然资源保护协会(NRDC)日前发布的《引领绿色航运发展——国内航运低零排放政策的国际经验》报告显示，船舶排放导致的污染物排放量占各大人口密集城市总排放量的比例相对较大，且污染物排放控制仍面临改造成本高、推广力度不够等问题。针对上述问题，本作品开发的具有脱硫功能的烟气余热回收综合利用装置，不仅能够在工业生产中起到节能减排的作用，还能在以锅炉为动力源的船舶等交通运输工具中降低污染物排放，利用余热满足人员设施的日常需要。

1 项目概述

船舶柴油机通常燃烧较为劣质的重油，会释放出污染物成分复杂的尾气，包括 NO_x、SO_x、CO、HC 和 PM 等，这些污染物主要以 NO_x 和 SO_x 为主，它们也被国际海事组织(IMO)列为首要控制的船舶尾气污染物。预计未来几年全球至少 30% ~40% 的船舶将安装废气洗涤器，这对船舶动力装置设计、制造和维护管理造成了极大影响，使船舶营运的燃料成本压力剧增。因此，废气后处理或者替代燃料成为船舶设计者考虑的主要替代方案。

本团队设计的具有脱硫功能的烟气余热回收综合利用设备能够提高能源利用率，降低脱硫成本，同时降低污染物排放。设备附设于锅炉排烟管道，可随时切入或退出锅炉系统。采用成熟的湿法脱硫技术，气液反应速度快，生产运行安全可靠，预计脱硫效率在 80% 以上，与现有的其他烟气脱硫方法相比具有显著优势。同时，烟气中硫化物溶于水形成酸，可在收集器中回收利用。螺旋换热器换热效果好，采用直接热交换利用技术应用成熟，冷却水单位用量小，冷却水可来自城市管网或海水，获取简便。装置可将烟气温度从 262 ℃降至 100 ℃以下，有效回收烟气余热，节省燃料 10% 左右，且对温室效应有一定减缓作用。设备研发后可推广应用于各种使用燃气/燃油/燃煤锅炉的化工、矿业、电力等企业单位；应用于生物质燃料锅炉的烟气脱硫和余热回收；应用于船舶动力设备烟气脱硫和余热回收；应用于锅炉生产厂家的配套辅助设备等，有充足的发展潜力和广阔的市场前景。

2 创 新 点

2.1 本装置具有以下创新点：

(1)以往的脱硫设备和余热回收设备相互分离,本作品脱硫功能与余热回收技术相结合,达到了设备简化的目的。

(2)本作品中液雾分离隔板及螺旋换热器均为自主设计,并取得了相关发明专利。

(3)改进了现有的湿法烟气脱硫技术。本作品工作过程中采用结露法,增强了对烟气中 SO_2的吸收效果,提高了脱硫效率。

(4)换热器采用螺旋换热器,增加了单位比表面积,导致烟气侧二次旋流的产生,强化了换热。因此,冷却水单位用量减小。

2.2 本装置具有以下先进性：

(1)本作品可附设于锅炉排烟管道,可随时切入或退出锅炉运行系统,维护运行方便。

(2)本作品采用的湿法烟气脱硫技术成熟,气液反应速度快,生产运行安全可靠,脱硫效率可达 80% 以上,能够使能源设备满足排放标准,与现有的其他烟气脱硫方法相比具有优势。

(3)本作品中自主设计的液雾分离隔板分离效率可达 85% 以上,取得了相关发明专利,对排烟的脱硫效果能够起到强化作用。

(4)本作品设置了酸溶液收集器,对烟气脱硫后形成的酸溶液进行回收利用。

(5)本作品中自主设计的螺旋换热器换热性能优秀,采用直接热交换利用技术应用成熟,冷却水单位用量小,冷却水可来自城市管网或海水,获取简便。螺旋换热器可将烟气温度从 262 ℃降至 100 ℃以下,有效回收烟气余热,降低排烟温度,能够节省 10% 左右的燃料,且对温室效应有一定减缓作用。

(6)本作品预计单位投资指标 200 000 元/10 000 m^3(排烟量)。国家对节能环保日益重视,该作品实现产业化后,因其经济性和社会性因素而具有充足的发展潜力和广阔的市场前景。

3 关键技术点

3.1 流线型优化叶型

为了减小液雾分离隔板叶片的阻力,通过对传统惯性级叶片的疏水槽和叶型进行流线型优化,并利用数值模拟方案对不同叶片间距的流线型惯性级叶片的阻力特性进行预测。针对不同进口速度、不同颗粒直径等因素对流线型惯性级叶片分离效率进行分析。

最早提出且目前仍在广泛用作于实验研究和数值模拟的基础惯性级叶片的基本模型参数是由叶片长度 L、叶片转折角、叶片间距 S、单折长度和叶片折数 N 这几个参数组成,基础研究模型示意图如图 18.1 所示:

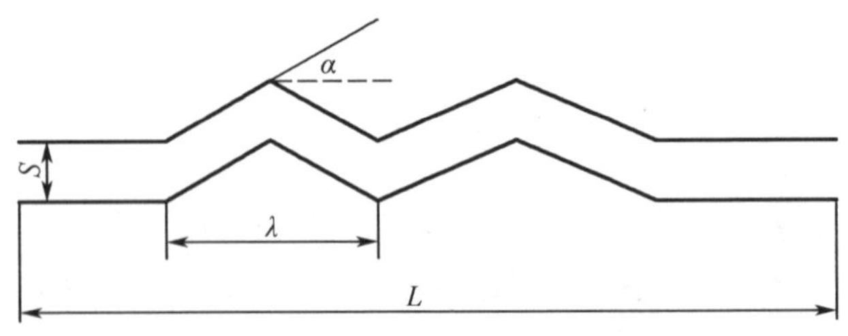

图 18.1　惯性级叶片模型示意图

应用液雾分离隔板不可避免地带来一定的总压损失。设计为了满足核心作用分离效率,在基本不变的情况下尽可能地减少其带来的总压损失,对传统的惯性级叶片进行改型。如图 18.2 所示,传统惯性级叶片的拐角处太过尖锐,并且疏水槽的结构转折处也太过尖锐,导致后方出现流动分离现象严重。在保证叶片转折角不变,叶片长度不变的情况下,针对拐角处进行圆滑处理,疏水槽结构也进行了流线型改造,疏水槽顶端圆滑过渡,减少叶型突变情况。利用数值模拟流场分析进行性能优化,最终确定改型后的惯性级叶型。改型后的流线型惯性级叶片如图 18.3 所示。

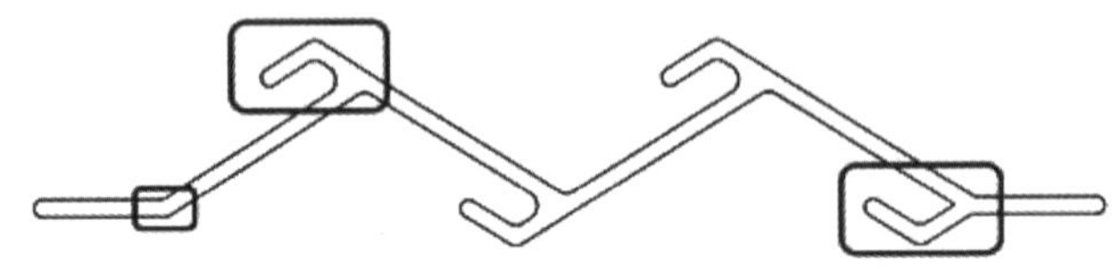

图 18.2　传统惯性级叶片改型处

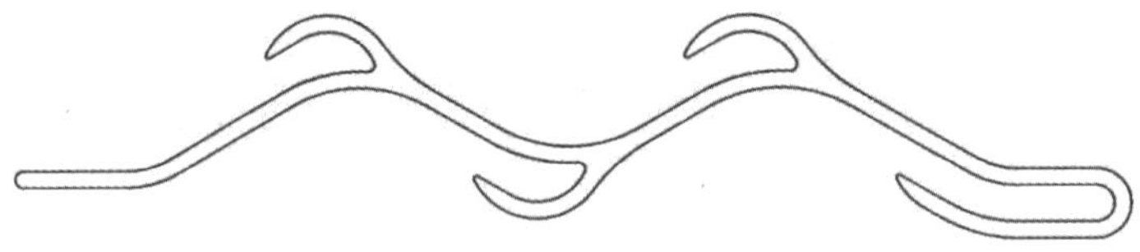

图 18.3　改型后的流线型惯性级叶片

根据改型之后的流线型惯性级叶片建立数值模拟计算域,为保证来流和出口流动有完全的发展,将惯性级叶片前方加上 0.3L 和出口加上 0.5L 的延长段。采用单通道进行计算,前后延长段采用平移性周期边界条件构成无限大平面的惯性级叶片流动。数值模拟计算域模型如图 18.4 所示。

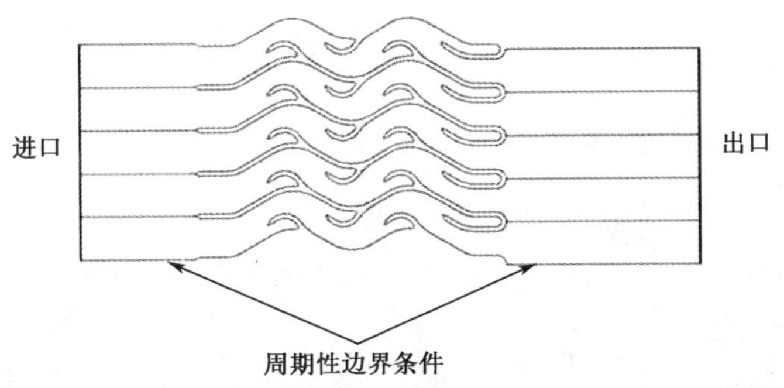

图 18.4　数值模拟计算域模型

4　市场前景

20 世纪 90 年代以后新建的烟气脱硫设备和大型工业示范脱硫项目绝大部分是进口的。目前,我国的脱硫企业数量较少,同时脱硫技术还存在一定缺陷。为推动我国能源事业的发展,必须加快实现能源设备排烟脱硫技术和装置的国产化。

本作品已设计加工成工程装置被哈尔滨报业大厦所采用并投入使用,可为该单位每年节省燃气费用近 10 万元,应用前景广阔。

5　导师评价

该技术可推广应用于各种使用燃气/燃油/燃煤锅炉的化工、矿业、电力等企业单位;应用于生物质燃料锅炉的烟气脱硫和余热回收;应用于船舶动力设备烟气脱硫和余热回收;应用于锅炉生产厂家的配套辅助设备等,有充足的发展潜力和广阔的市场前景。

6　风采展示(图 18.5 ~ 图 18.7)

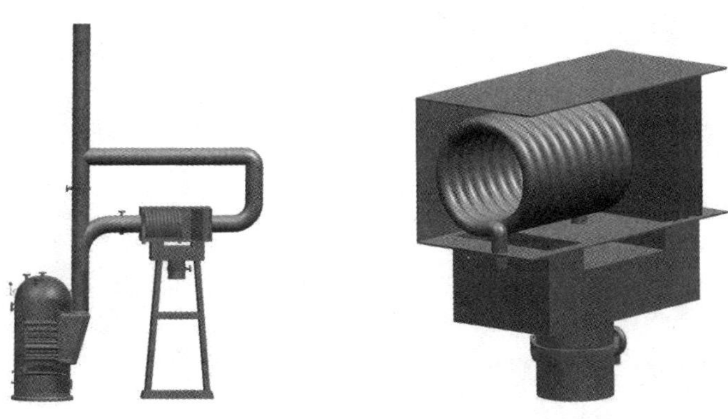

图 18.5　作品模型零部件展示

图 18.6　分离效率实验件测试图

图 18.7　团队风采

基于数字孪生的高压共轨故障诊断系统设计

获得奖项："杰瑞杯"第八届中国研究生能源装备创新设计大赛校赛三等奖
指导教师：费红姿教授
团队成员：刘冰鑫、柳一林、朱腾飞、郑金卓、梁勇

船用柴油机已经成为世界污染物排放的主要来源之一，为应对国际海事组织（IMO）颁布的日益严格的排放标准，许多学者提出了很多相应的喷油策略的方法，但是随着喷油策略的发展、系统安全性和可靠性的提高，对于柴油机正常运转以及燃料消耗经济性能具有重要意义。因此，目前急需开展高压共轨燃油系统故障诊断技术系统的设计与开发工作。该作品运用闭环观测器的理念进行喷油量喷油率的预测、滚动优化与实时修正，最终可实现高压共轨系统异常喷射的故障诊断与健康管理的目标，并通过仿真实验验证了模型的准确性。

1 项目概述

本作品根据数字孪生概念以及数字化柴油机建设背景，基于喷油预测闭环观测器的理念，进行高压共轨柴油机故障诊断系统设计工作。

（1）建立喷油预测闭环观测器：该模型可以实现由可测瞬时共轨压力波形信号，进行不可测状态变量喷油率的预测估计，并且进行闭环实时修正，预测跟踪得到喷油量更为稳定准确，为后续故障判别提供支撑。喷油量是最为直观反映喷射过程的参数，利用观测得到的喷油量数据可以及时预测出早期微弱故障的发生。

（2）故障判别：将从高压共轨实验台架或仿真模型中得到的轨压，利用建立好的观测器模型进行各工况喷油量预测，将观测喷油量、喷油率信号与在正常工况下标定喷油量作差得到其残差信号，对残差信号运用 T^2 准则进行处理，可判断故障是否发生。若未发生故障，则判断为正常工作状态；若判断发生故障，下一步则采取特征提取、降维以及故障识别。

（3）故障隔离与健康管理部分包含四部分：故障特征参数提取；特征参数降维处理；故障模式预测与健康状态评估。判断为故障工况后，首先，针对轨压信号提取时域、频域与时频三域特征参数进行计算提取。然后，采用主成分分析方法（PCA），在保证故障诊断准确率的前提下，对原始数据进行降维处理，减少计算量和计算时间，提高诊断效率与诊断的实时性。最后，运用支持向量机（SVM）方法进行故障模式识别，并对系统健康状态进行量化

评估。高压共轨故障诊断系统设计方案如图 19.1 所示。

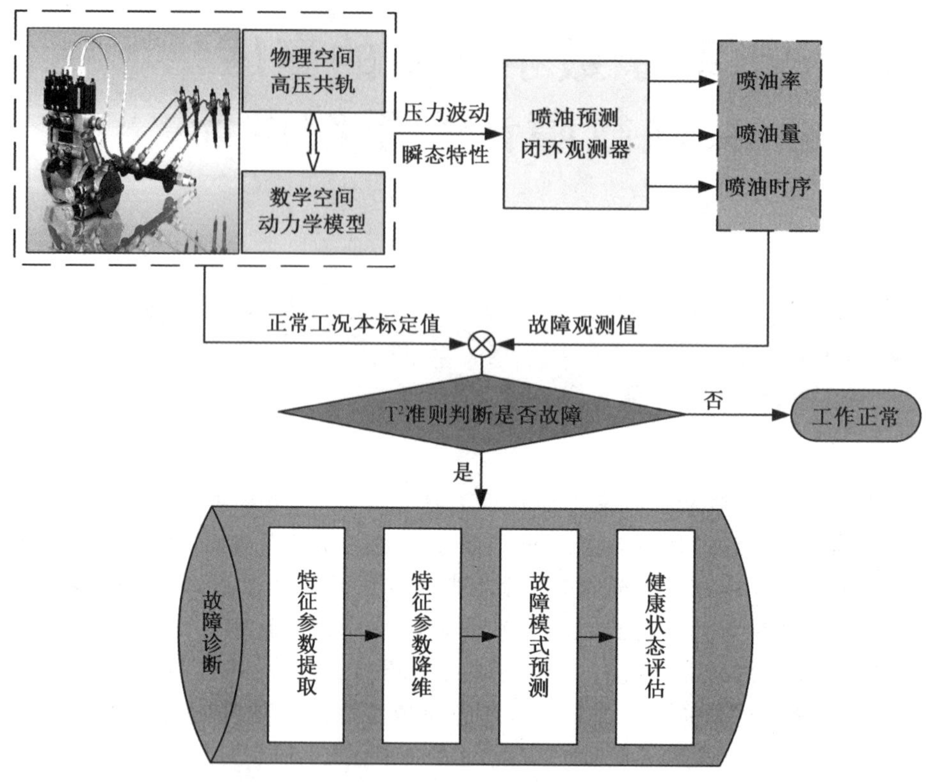

图 19.1　高压共轨故障诊断系统设计方案

2　创　新　点

2.1　在线诊断

将观测器理念应用到柴油机高压共轨系统中,设计了高压共轨喷油量预测闭环观测器模型,为实现高压共轨系统喷油量的精准预测,针对喷油量这一不可测参数进行闭环观测器设计。首先得到在喷油过程中瞬时共轨压力变化与喷油率之间的联系,从而构建共轨系统喷油量预测数学模型;然后选取瞬时压力、喷油率以及喷油率的导数作为状态变量,建立状态方程和输出方程,构建状态空间方程,并建立闭环监测器;最终实现了针对在工程实际中不可测状态变量喷油量的最优预测估计,如图 19.2 所示。

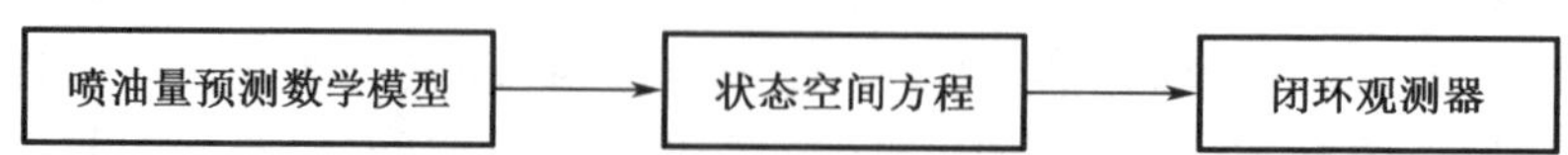

图 19.2　喷油预测闭环观测器模型设计过程

2.2 实时预测

目前针对喷油量的预测与控制是基于开环数据库的形式，本作品设计的闭环观测器可实现对喷油量的闭环滚动优化与实时修正。选取共轨压力 P 与喷油率 Q_{ing}、喷油率的变化率 Q_{ing} 三个状态变量，设观测器反馈增益为 $H=[H_1,H_2,H_3]^{\mathrm{T}}$，建立闭环观测器如公式 19-1 所示：

$$\begin{bmatrix}\dot{\hat{P}}\\ \dot{\hat{Q}}_{\text{inj}}\\ \ddot{\hat{Q}}_{\text{inj}}\end{bmatrix}=\begin{bmatrix}0 & K & 0\\ 0 & 0 & 1\\ 0 & 0 & 0\end{bmatrix}\begin{bmatrix}\hat{P}\\ \hat{Q}_{\text{inj}}\\ \dot{\hat{Q}}_{\text{inj}}\end{bmatrix}+\boldsymbol{H}(\boldsymbol{y}-\boldsymbol{y})=\begin{bmatrix}K\cdot\hat{Q}_{\text{inj}}\\ \dot{\hat{Q}}_{\text{inj}}\\ 0\end{bmatrix}+\begin{bmatrix}H_1\\ H_2\\ H_2\end{bmatrix}(p-\hat{p}) \qquad (19-1)$$

根据观测器结构，建立喷油量闭环观测器，如图 19.3 所示。

共轨管上的压力传感器测量压力信号与观测器估计的压力输出相减得到误差，乘以相应的增益，反馈到观测器中进行修正，通过设置 $\boldsymbol{H}$ 矩阵可以调节观测器跟踪性能。将观测得到的喷油率在喷油阶段进行积分即可得到喷油量预测值。

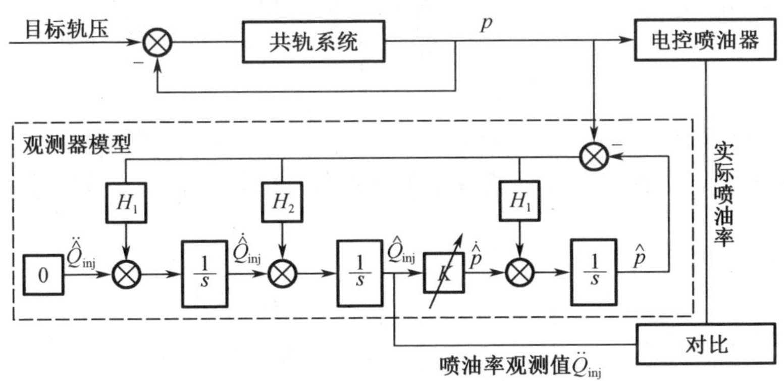

图 19.3 喷油量闭环观测器

2.3 实现耦合故障诊断与定位

从高压共轨实验台架采集得到轨压信号后，利用观测器模型进行喷油量预测，将观测喷油量、喷油率信号与在正常工况下标定喷油量作差得到其残差信号，T^2 统计量是统计分析中 t 统计量的进一步拓展，在本作品中利用信号残差作为检测信号时，考虑采用 T^2 统计量作为检测准则，可判断故障是否发生。若判断发生故障，则可基于 MATLAB 自带的 GUI 功能设计用于高压共轨燃油压力信号三域特征参数提取与降维的软件，包含数据导入、特征提取与数据降维三个功能模块，为高压共轨燃油系统智能故障实时诊断提供数据支撑，进行特征提取、数据降维以及故障识别。

3 关键技术点

3.1 喷油预测闭环观测器模型

(1)高压共轨系统动力学模型

液压管腔内连续方程主要用于计算管腔内的压力变化以及进入和流出液压管路或容腔的燃油流率,由此可得共轨管燃油连续方程:

$$\frac{dp}{dt}=\frac{E}{V}(Q_{pump}-Q_{inj}-Q_{leak}) \tag{19-2}$$

经 19-2,可得瞬时共轨压力变化与喷油率之间的联系,从而构建共轨系统喷油预测数学模型。

$$\dot{p}=KQ_{inj} \tag{19-3}$$

式中,$K(P)=\frac{12\ 000(1.1+C_{leak})(1+0.001P)}{V}$,$C_{leak}$为泄漏燃油率与喷油率之间的比例系数。

(2)状态空间模型

选择瞬时压力 p,喷油率 Q_{inj},以及喷油率导数作为状态变量,建立如下状态方程和输出方程:

$$\begin{bmatrix}\dot{P}\\ \dot{Q}_{inj}\\ \ddot{Q}_{inj}\end{bmatrix}=\begin{bmatrix}0&K&0\\0&0&1\\0&0&0\end{bmatrix}\begin{bmatrix}P\\ Q_{inj}\\ \dot{Q}_{inj}\end{bmatrix} \tag{19-4}$$

$$\boldsymbol{y}=[1\quad 0\quad 0][p\quad Q_{inj}\quad \dot{Q}_{inj}]^{T} \tag{19-5}$$

经可观测矩阵判断该状态空间模型可观测,可进行闭环观测器设计。

(3)闭环观测器设计

将共轨管与观测器的压力输出相减得到误差,乘以增益 H,并进行修正,通过设置 $\boldsymbol{H}$ 矩阵调节观测器跟踪性能,最后通过积分环节将喷油率转化为喷油量,输出结果,即可得到实时观测的喷油量。

3.2 电控高压共轨实验设备

(1)实验台架

对标潍柴 wp10 系列柴油机,能同时安装高压油泵(在设备内部)、控制单元(研发和测试用的专用 ECU 单元)、共轨管和 4 个喷油器(在检查台面上)。

实验台由以下几个部分组成:流量测试系统、轨压控制系统、温度控制系统。

(2)数据采集

采集燃油压力信号数据,本项目采用 KISTLER 公司的 4067E 型压力传感器,经过放大器、NI 采集卡,最后由编写的 LabVIEW 数据采集系统进行在线采集和监测,同时考虑到实验环境中噪声的影响,还可对采集的信号进行小波包降噪等预处理操作,为后续能够有效地提取信号的故障特征提供前提。

3.3 故障诊断

从高压共轨实验台架采集得到轨压信号后,利用观测器模型进行喷油量预测,将观测喷油量、喷油率信号与在正常工况下标定喷油量作差得到其残差信号,对残差信号运用 T^2 准则进行处理,可判断故障是否发生。若判断发生故障,则进行特征提取、数据降维以及故障识别。

(1) T^2 准则

T^2 统计量的计算形式为

$$T^2 = \boldsymbol{\varepsilon}(t)^{\mathrm{T}} \boldsymbol{\Lambda}_{\varepsilon}^{-1}(t) \tag{19-5}$$

如果系统噪声服从高斯分布,则认为 T^2 统计量服从自由度为 1 的 χ^2 分布:

$$T_{\alpha}^2 = X_{\alpha}^2(l) \tag{19-6}$$

只要给定相应的显著性水平 α,就能通过查表计算为残差的 T^2 统计量确定一个合适的阈值。

(2)特征提取与降维

本作品设计了用于特征提取与降维的软件,其运行界面如图 19.4 所示:

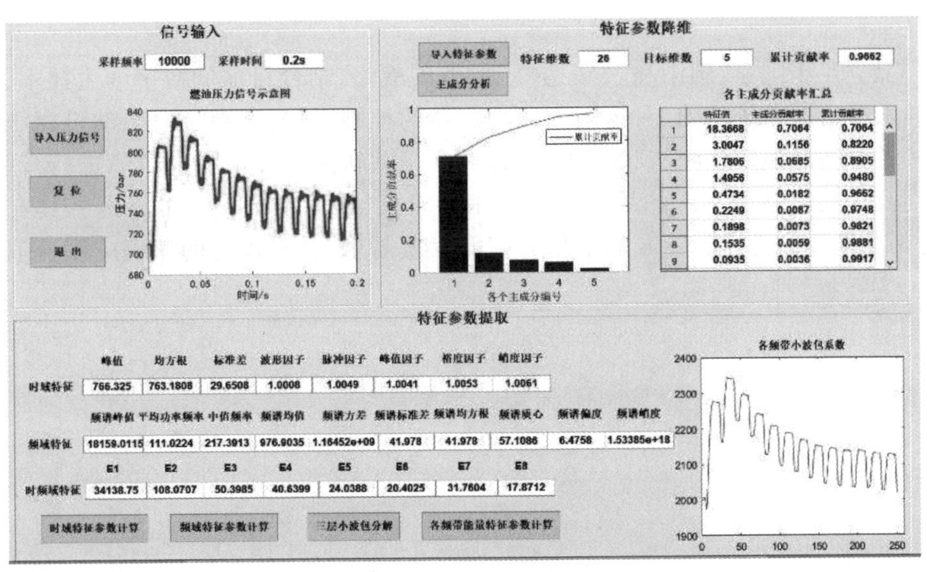

图 19.4 软件运行界面

(3)故障隔离与健康管理

运用支持向量机(SVM)方法进行故障模式识别,并对系统健康状态进行量化评估。

4 市场前景

由于高压共轨系统的复杂性,其在高温高压、快速响应、高精度的条件下实现稳定的动态喷射性能控制以及故障诊断等,成为船用发动机技术领域待解决的瓶颈问题,这些需要依靠更加精确的燃油喷射量控制和灵活的燃油喷射策略来实现。而现阶段船用柴油机喷油量控制采用的是基于 MAP 图的开环控制方式,只能通过转速闭环来间接调整油量,利用高压共轨系统实现高精度喷射的优势大打折扣。此外,由于传感技术与物联网技术的发展,数字孪生技术的出现为解决复杂装备在运行环境的动态变化下装备状态监测问题提供了新思路。

本作品基于数字孪生背景设计的高压共轨故障诊断系统可实现异常喷射耦合故障的诊断与定位功能,可应用于船用高压共轨柴油机数字化智能运维场景下船、岸交互的实时在线故障诊断,从而提升柴油机的通用质量特性。同时,建立的基于瞬时共轨压力的喷油量闭环观测模型可以实现喷油量的最优估计与闭环实时滚动优化,在工程实际应用中可以直接利用现有轨压传感器采集轨压数据进行观测计算,由于数据量传输需求较少,无须额外安装传感器,从而可降低经济成本,并且避免多传感器干扰实际系统运行过程,具有较高的可行性与工程应用价值。

5 导师评价

本作品立足于国家“碳中和”“碳达峰”的发展战略,结合目前的数字孪生技术,在原有高压共轨故障诊断系统基础上,运用闭环观测器的控制思想,实现了对柴油机高压共轨系统进行喷油量闭环滚动预测与状态监测,并对高压共轨系统异常喷射故障进行智能诊断。该作品对高压共轨燃油系统的故障诊断技术的发展、保障系统安全可靠运行具有重要意义,充分考虑船舶动力控制领域的市场与国家发展需求,有着较高的工程应用价值和学术价值。

6 风采展示(图 19.5～19.8)

图 19.5　高压共轨实验台

图 19.6　压力传感器

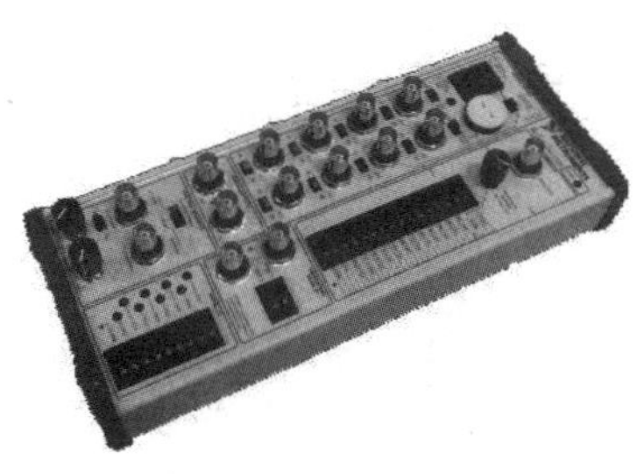

图 19.7　数据采集仪

图 19.8　参赛照片

中国研究生
电子设计竞赛

药品智能配发机器人

获得奖项:“兆易创新杯”第十六届中国研究生电子设计竞赛东北赛区一等奖
指导教师:王志涛副教授、李铁磊讲师
团队成员:骆嘉凡、王静、关天皓

目前,全国在抗击新型冠状病毒过程中取得了重大的成功。但在成功的背后,也付出了巨大的代价。在抗击疫情的过程中,暴露出了我国医疗资源分配不均、医院应对突发情况处置能力较弱、医护人员防护设施较差等问题。智能机器人的出现为解决上述问题提供了良好的方案。灵活的药品配发智能机器人,能够实现信息识别、药品抓取及运输等过程,整个过程无人员之间相互接触,有效避免了病毒以各种形式在人与人之间传播。减轻了医务人员患病的风险,有效缓解医务人员的工作压力。

1 项目概述

近几年来,部分传染疾病通过空气进行传播,对人们的健康产生严重的威胁,已逐渐成为医疗领域的一大难题。关注感染科医护人员这个易感群体,重视保护医护人员的职业暴露,可以确保医护人员的身心健康,降低医护人员感染的发生率。

医院还存在人为因素导致的工作失误造成的配药差错问题,主要包括漏发、多发药品,以及药品品种、剂型、数量配发错误等。随着我国医药卫生事业的发展,药品种类不断增多,人们对医疗需求也日益增多,由发药差错引发的问题呈上升趋势。

针对上述问题,我们设计了一款药品配发智能机器人,以减轻医护人员工作负担、减少与传染病人接触、降低医护人员感染概率,这款机器人能够进行无接触药品配发、提高药品配发精度、降低药品配发错误率。

2 创新点

2.1 智能配送路线设计

自由设定路线,适应不同工作场景。如药房取药、病房送药等,实现可适用场景多元化。

2.2 机器人智能定位

采用正交被动轮式里程计和三全向轮的三轮结构，实现机器人全场定位。

2.3 多机械臂设计

采用云盘加3个机械臂的设计，实现更大范围、更短时间抓取运送药品；后期还可对机械臂数量、储物格数量进行调整，以达到可同时运送更多药品的需求。

2.4 药品信息识别

可通过读取条形码、二维码等方式，准确读取所需药品信息，利用外观、二维码/条形码等多种方式精确识别所需药品。

3 关键技术点

该机器人以STM32作为主控设计核心，向外扩展各个功能、方向的模块。机器人主要由定位系统模块、视觉模块、底盘云台电机驱动模块、二维码/条形码快速扫描模组、机械臂总线舵机驱动模块组成。机器人通过扫描模组识别二维码/条形码所包含的信息，之后机器人根据所提供信息进行路径规划和药品抓取，最终将药品放置在指定地点。

定位系统的算法是利用磁编码器接收2个与车身成45°的正交被动轮累计角度值，首先利用被动轮的直径计算出每个轮的累计里程，再利用旋转矩阵变换得到在车身车头方向和其垂直方向的累计位移，即可得到机器人每个时刻的x,y坐标，对机器人进行全场定位。

机械臂采用四自由度设计，通过视觉模块识别到物料的位置之后，反馈坐标，利用DH参数法对机械臂进行运动学逆解，获得每个舵机应该转动的角度，最终实现对物料的抓取。

4 市场前景

药品智能配发机器人由于其具有自由设定路线，机械臂数量、长度、自由度可调，抓取模块形状可更改等优点，所以适用于不同的取送药工作地点和工作需求，不只局限于某一家医院或某一间药房的工作需求。该机器人具有二维码/条形码扫描模块，可以真正实现在药房中与患者、患者家属或可能带有传染源病菌的人员无接触取送药品。在后期运维上，可以从机器人程序和硬件设备上进一步优化药品智能配发机器人定位系统的精确性。提高机械臂抓取角度的精确性、多样性，提升机械臂抓取质量的最低限度，最终可以实现行更多品种的药品运送，提高定位系统精确度可以使得在相同面积的房间内放置更多种类的药品，使药房面积利用率达到最大化。

5 导师评价

药品智能配发机器人的开发利用STM32作为主控设计核心，是向外扩展许多功能和方向的模块。包括定位系统模块、视觉模组、底盘云台电机驱动模块、二维码/条形码快速扫描模组、机械臂总线舵机驱动模块等。结合3D打印技术和工程训练中所应用的模块化组装技术，综合专业知识，并利用一定的计算机编程知识最终完成。

自2020年新冠疫情爆发以来，引起了社会的广泛关注。由于医院环境特殊，人群聚集，医院的疫情防控成为公共卫生工作的重中之重。近几年来，部分疾病通过各种传播方式，对人们的健康产生严重的影响，阻断传播途径已逐渐成为医疗领域的一大难题。医院还存在因人员短缺等原因导致的工作失误，造成了配药差错问题，主要包括漏发、多发药品及药品品种、剂型、数量配发错误等。

该机器人可通过二维码/条形码等方式，准确读取所需药品信息，利用外观颜色、二维码/条形码等多种方式精确识别所需药品。减轻医护人员员工作负担、减少与传染病人接触、降低医护人员感染概率，进行无接触药品配发、提高药品配发精度、降低药品配发错误率。可以最大限度地降低人与人的接触频率，进而降低传染病的传染风险。

6 风采展示(图20.1)

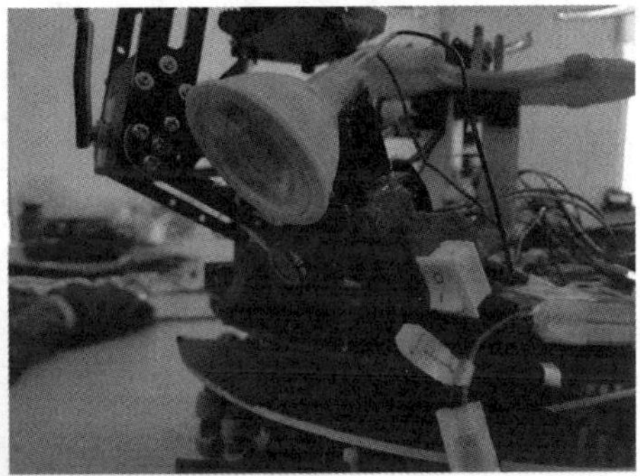

图20.1 参赛图片

基于图像处理的物体识别与分类系统

获得奖项:“兆易创新杯”第十六届中国研究生电子设计竞赛校赛三等奖
指导教师:王忠巍副教授
团队成员:石昭宇、高泽、韩笑

近年来,以机器学习、模式识别等人工智能技术为代表的计算机信息技术迅速发展,在机器视觉、图像处理领域取得很大突破。而基于图像处理的物体识别与分类系统在智能分拣、智能家居、智能安防等领域具有很大的应用前景。该作品设计的物体识别与分类系统,利用 TI - RSLK 专家版机器人和基于 openCV3.1.0 框架的支持向量机(SVM)的图像分类方法,可实现三个以上物体识别与分类任务。且经试验结果证实,USB 摄像头可以准确地对目标物进行识别和分类、TI - RSLK 专家版机器人可以达到指定位置,机械臂可以实现对目标物的分类抓取。

1 项目概述

近年来,以机器学习、模式识别等人工智能技术为代表的计算机信息技术迅速发展,在机器视觉、图像处理领域取得很大突破。而基于图像处理的物体识别与分类系统在智能分拣、智能家居、智能安防等领域具有很大的应用前景。

本作品设计的物体识别与分类系统,利用 TI - RSLK 专家版机器人和基于 openCV3.1.0 框架的支持向量机(SVM)的图像分类方法,可实现赛题要求的三个以上物体识别与分类任务。本作品创新点包括:利用 SVM 机器学习的图像分类方法实现了物体的识别与分类,同时解决了针对图像预处理中目标物和背景对比度小的物体处理效果不佳,而影响特征提取的问题,在训练集里加入背景环境负样本,尽可能减少背景环境的干扰;利用了 TI 的 IMGLIB 图像处理库,在 DSP 上进行图像预处理工作,提高了图像识别分类速度,增强了实时性;在小车驱动、控制方面,针对小车控制与图像处理采用不同语言编写难以实现两个进程之间的通信的问题,提出采用共享内存的方式在两个进程之间共享和传递数据。

该作品在 PID 系统控制的智能轮式小车搭载激光雷达、USB 摄像头,以及二自由度机械臂,以 TI - RSLK 专家版作为目标识别的主要运算平台,对摄像头采集到的图像通过 openCV 库函数进行图像预处理,采用 SVM 算法进行目标识别,判断其是否为所抓取的目标。然后通过驱动电机、PID 控制将小车驱动到指定位置,伸出机械臂对目标物进行抓取,并将小球、方块、锥体进行分类。

实验结果证实,USB 摄像头可以准确地对目标物进行识别和分类、TI - RSLK 专家版机器人可以达到指定位置，机械臂可以实现对目标物的分类抓取。

2 创 新 点

2.1 加入背景环境负样本改善特征提取

进行图像识别的第一步是对图像进行预处理，在图像预处理方面，如果要识别的物体与环境的对比度较大，那么预处理的结果会比较好（如目标物是黑色，背景是白色）。如果要识别的物体与环境对比度不明显，会严重干扰后续的特征提取的过程，最终导致误识别、视频图像识别帧率低等不良影响。为了解决这一问题，我们选择了加入了背景环境负样本这个方案。我们在最后的测试中对比了加入环境负样本和不加入环境负样本的识别结果，发现加入环境负样本的那组在测试中识别精度更高，同时也提高了视频识别的帧率，最终证明了加入环境负样本的有效性。测试为后面利用视频图像识别进行图像分类打下了良好的基础，如图 21.1 所示。

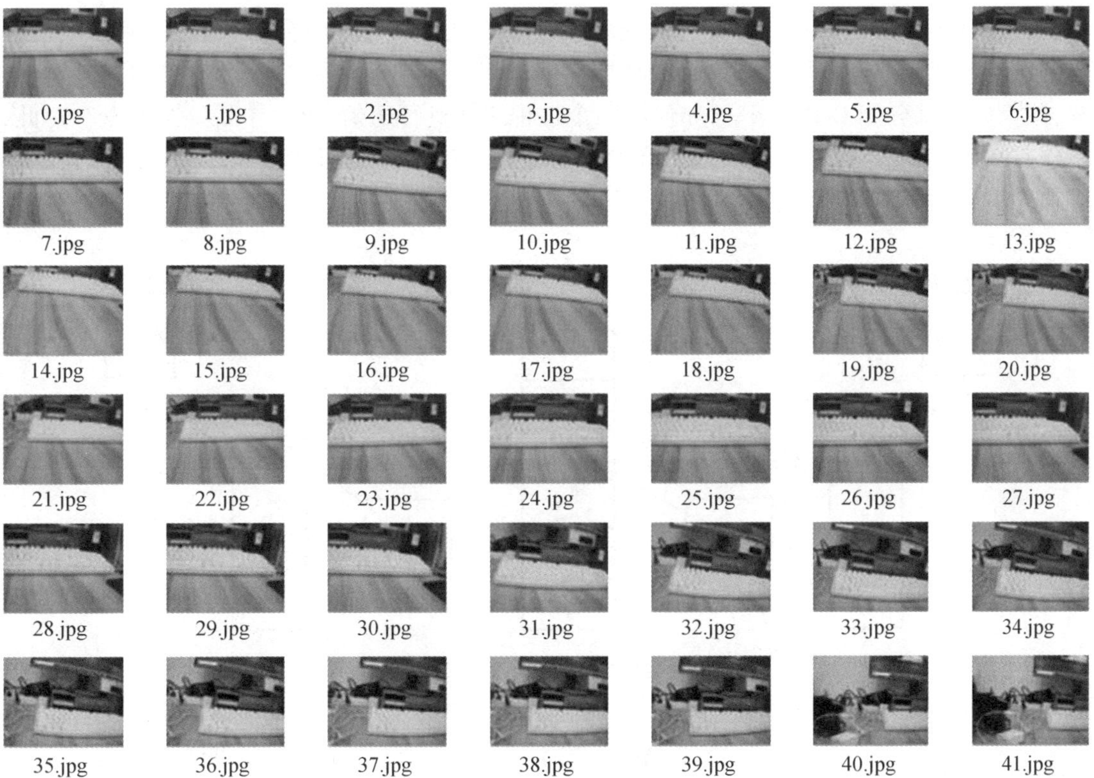

图 21.1 背景环境负样本

2.2 应用 DSP 加速助力实时物体分类

数字信号处理器(digital signal processor,简称 DSP)是一种专门针对处理数字信号进行了架构优化的专用微处理器。在数字信号处理过程中,需要不断来自真实世界的模拟信号进行加工和处理,虽然大多数的通用处理器也能完成这一过程,但是难以达到实时处理的要求。除了处理速度更快外,DSP 相对通用处理器还具有更低的成本、更低的功耗和更小的尺寸等优点。因此,DSP 被大量应用于嵌入式领域解决一些特殊的计算问题,尤其是图像处理问题,甚至在人造通信卫星上也有 DSP 的用武之地。基于此,本作品利用工业派的 DSP 运行 TI 的 IMGLIB 图像处理库,该图像处理库中的图像处理程序经过汇编优化,可以用于对执行速度要求较高的实时应用中,非常适合本作品的实时物体分类要求。

2.3 利用共享内存实现数据互用

共享内存,顾名思义就是允许两个不相关的进程访问同一个逻辑内存,共享内存是两个正在运行的进程之间共享和传递数据的一种非常有效的方式。不同进程之间共享的内存通常为同一段物理内存。进程可以将同一段物理内存连接到他们自己的地址空间中,所有的进程都可以访问共享内存中的地址。如果某个进程向共享内存输入数据,所做改动将立即影响可以访问同一段共享内存的任何其他进程。而在本作品中,小车控制用 C 语言编写,图像处理部分用 C + + 编写,如何将两个进程之间进行通信,正是作品一大难点。对此,本作品采用共享内存的方式,实现了在两个正在进行的进程之间共享和传递数据。共享内存概念图,如图 21.2 所示。

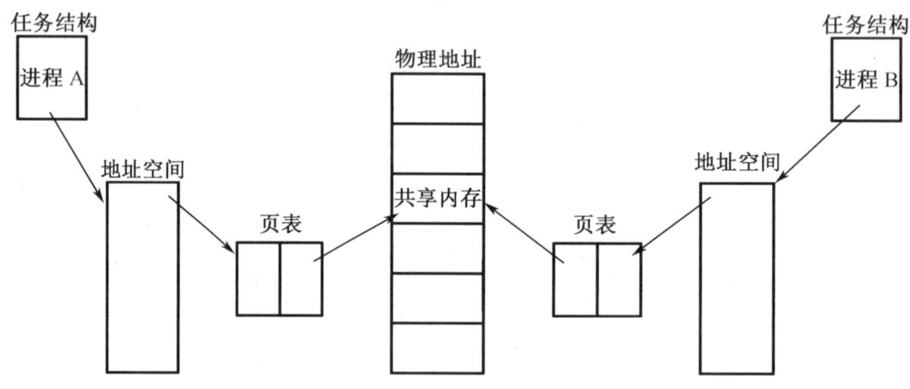

图 21.2 共享内存概念图

3 关键技术点

3.1 基于 SVM 的图像识别分类算法

该作品基于支持向量机(support vector machines,SVM)对图像进行处理识别并分类。支持向量机的工作原理是先构造出最优分类超平面,然后利用这个超平面对未知样本进行最小误差分类,具体流程如下图 21.3 所示。具体来说,基于此流程,本作品先是依次进行了两次训练集的获取,分别用于数据集训练和数据集测试;然后采用灰度变换、高斯滤波、二值化以及反色等算法对图像进行预处理、特征提取。此外,本作品还选择了基于轮廓的特征描述,获取清晰的图像边缘特征。

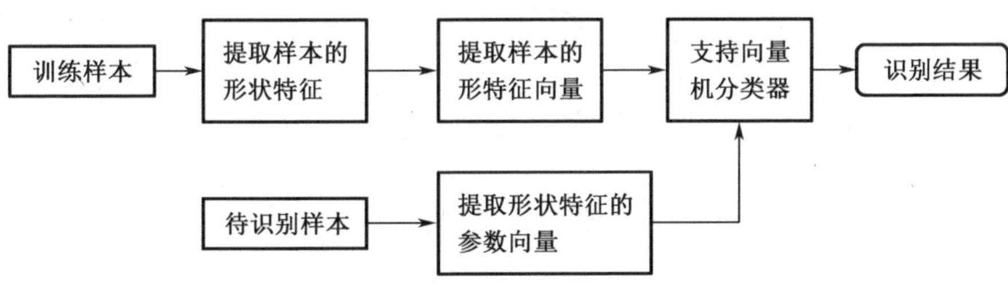

图 21.3 支持向量机识别流程

总的来说,基于 SVM 的图像识别与分类系统的软件设计包括训练集训练和测试集测试两个部分,各自流程图如图 21.4 和图 21.5 所示。

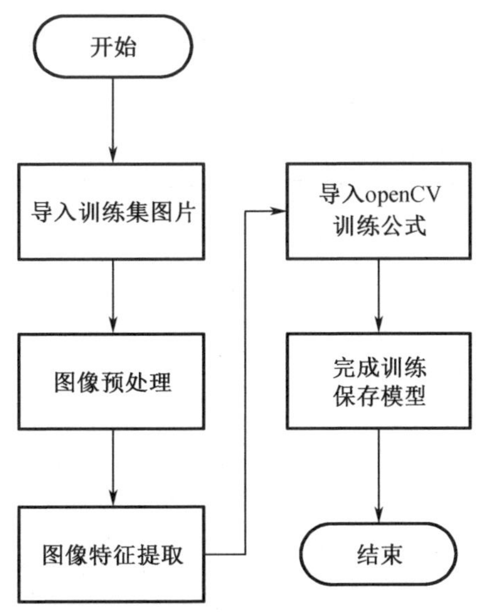

图 21.4 训练集训练流程图

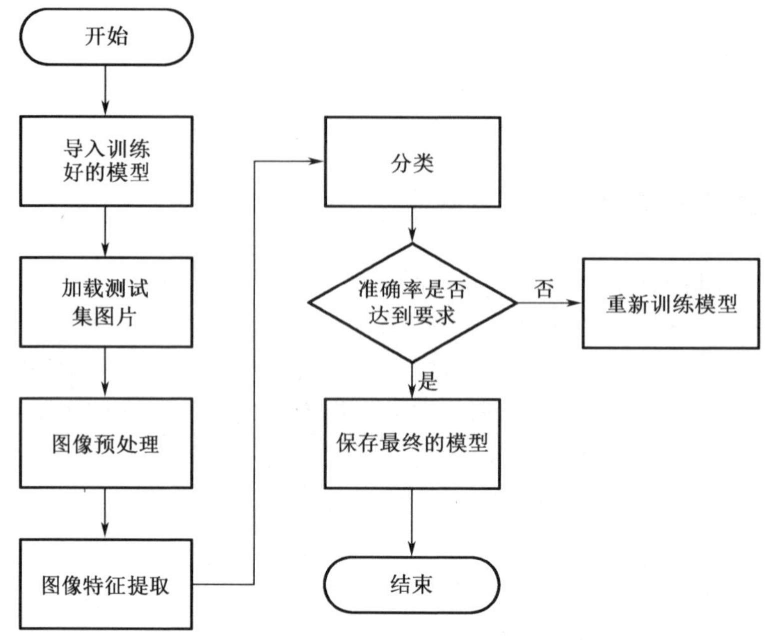

图 21.5　测试集测试流程图

3.2　机械臂控制抓取

机械臂采用 TI - RSLK 专家版中的二自由度机械臂，保证了机械手臂的抓、举、放、移动等动作的协调性。车在行进过程中，接收到 PC 机发出的指令选择目标然后抓取，这个过程分为目标搜索、目标对准、目标接近和目标抓起四个步骤。具体的试验步骤流程图如下图 21.6 所示。

首先，智能轮式小车在地面前进，摄像头识别到需要抓取的目标物，如图 21.7 所示。并且，能够识别物体并进行分类，如图 21.8 所示。

小车此时距离目标较远，小车继续朝着目标物移动，直到到达指定位置，准备抓取目标物(以小球为例)，图 21.9 为小车运动到指定位置准备抓取，抓取成功后的图片如图 21.10 所示。

成功抓取到目标物后，小车运动到指定位置对物体进行分类，如图 21.11 所示。

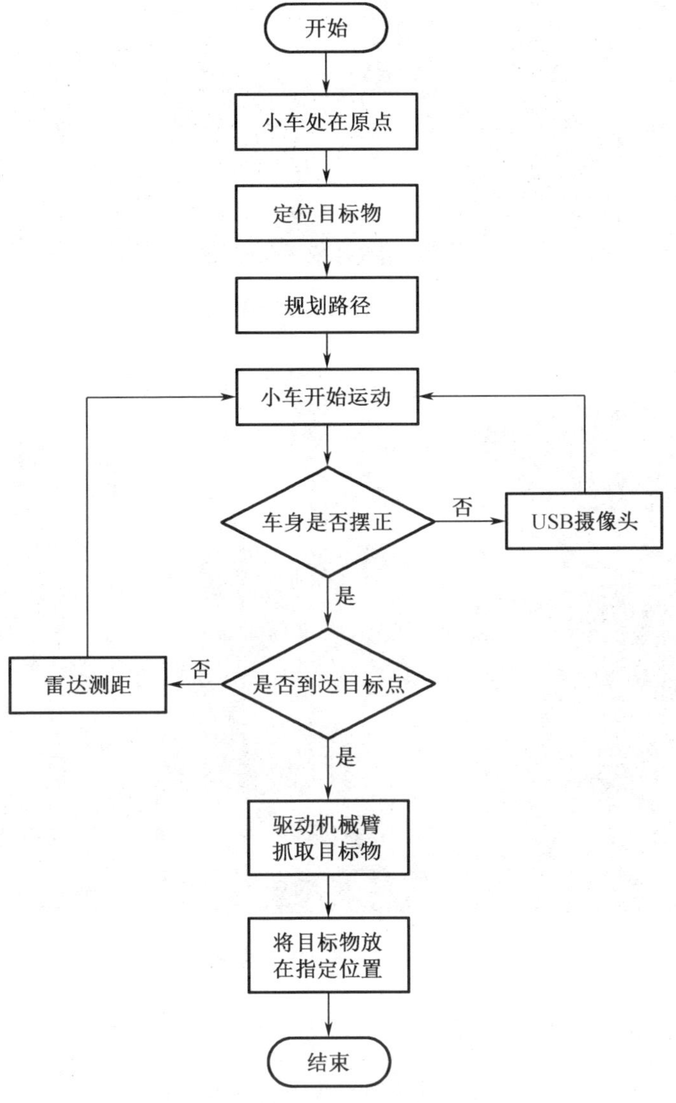

图 21.6　试验步骤流程图

图 21.7　识别到出现的目标物

图 21.8　识别物体并进行分类

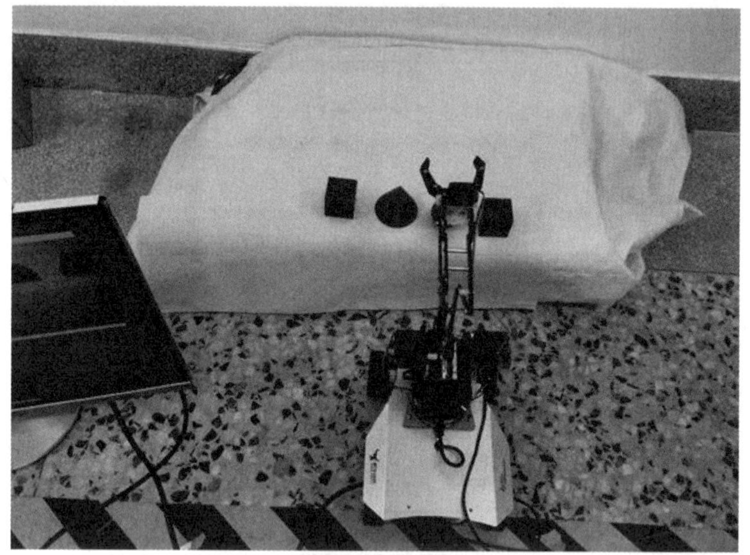

图 21.9　小车接近待抓取物体

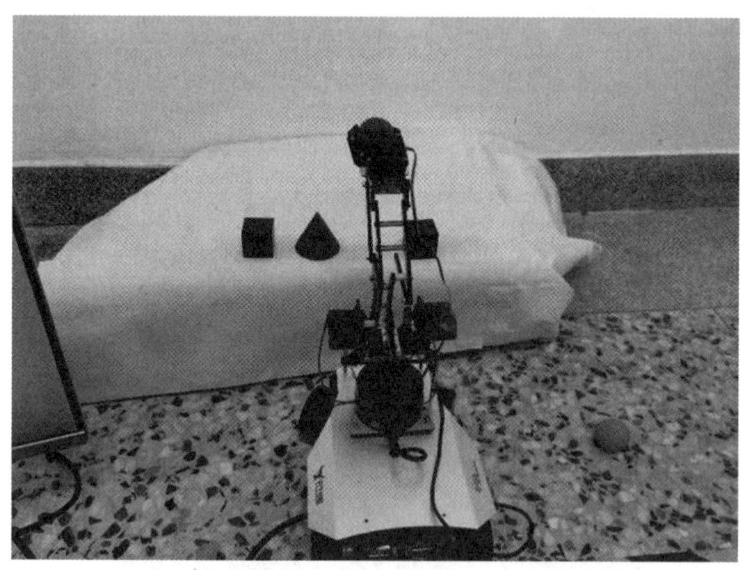

图 21.10　机械臂成功抓取目标物

图 21.11 抓取成功后移动到指定位置

4 市场前景

智能工业机器人自从诞生以来就不断发展,各类型机器人不断涌现。我国的机器人虽然应用相对较晚,但是发展更为迅速,至今,机器人已经广泛应用于生成环境中,包括传抓取、包装、搬运等行为,提高了企业整体运行效率和经济效益。在分拣领域,传统的抓取方式主要依靠人工完成,而机器的引入提高了抓取效率,视觉技术地不断进步使得工业生产中机器视觉和机器人的融合成为可能,包括抓取分拣在内的工业生产中的行为效率进一步提高,现代物流行业的快速发展正是得益于抓取系统性能地不断完善。根据多项权威调查,在工业生产领域比较常用的机器人工具为机械臂,常用的动作为生产中的抓取与放置,同时该动作也广泛应用于汽车加工、食品包装、搬动工件、零件加工等工作中。在工业生成中,机械臂就像人类的手臂一样,根据程序设定,机械臂模仿了人类的思想与行为,做出一系列类似人类通过手臂抓取放置物体的动作。

在上述大市场背景环境下,本作品主要通过图像处理进行模式识别,以达到目标确认,进而通过控制机械臂进行抓取行动;预计将来在宠物饲养等领域发挥自身价值,为智能化服务业添砖加瓦。

5 导师评价

该作品以 TI – RSLK 专家版为硬件平台,重点研究了搭载机械臂的智能轮式小车的图像识别与抓取分类,对现有的控制策略进行分析,并在此基础上进行进一步的研究。主要研究内容包括:利用随车体运动的摄像头对环境进行拍摄,将图像信息传入搭载机械手的智能小车的处理器中;通过实时图像采集与预处理等手段,以及 SVM 算法等确定图像中各个物体的大小、形状等数据;最后将从摄像标定处得到的各项参数送入嵌入式操作系统中,通过 PID 控制小车运动到指定位置,驱动机械臂从而准确无误地抓取目标物体。研究由浅入深,详略得当,重点内容突出,有极强的市场推广应用价值。

6 风采展示(图 21.12 ~ 图 21.15)

图 21.12 识别出现的目标物图

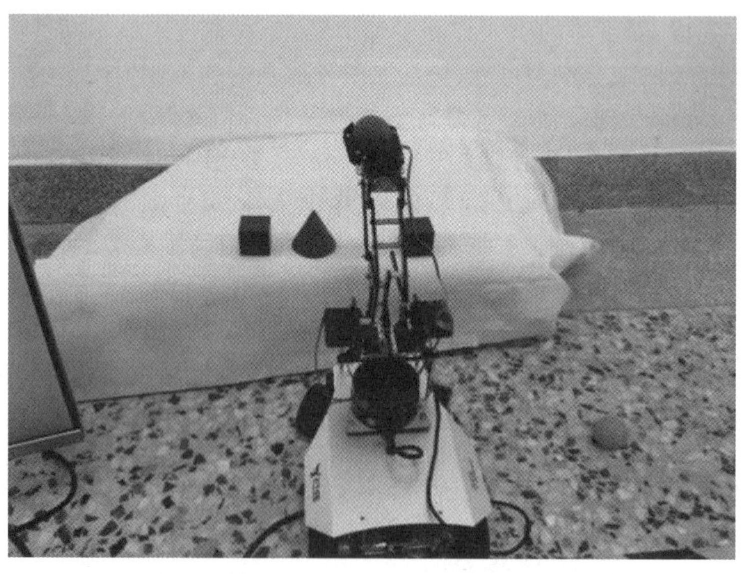

图 21.13 机械臂成功抓取目标物

图 21.14　抓取成功后移动到指定位置

图 21.15　参赛照片

TRIZ杯大学生创新方法大赛

基于 TRIZ 理论的零碳高效内燃发电技术

获得奖项：中国银行·TRIZ 杯第九届大学生创新方法大赛总决赛银奖
指导教师：刘龙教授、马修真教授、陈岩教授、滕晓艳副教授
团队成员：许智淳、赵容海、谭富升、韩笑、刘俊杰

在“碳达峰”“碳中和”大背景下，CO_2 排放标准日益严格，而以发动机为主导动力的交通、农业、工程机械等领域的 CO_2，在环境总排放中占比较大，而现有发动机由于其高功率密度、安全性、可靠性等优势，在可预计的将来仍具有不可替代性。因此，开发零碳、高效的发动机技术解决方案意义重大，也是发动机未来发展的必然趋势。本作品采用高爆压压燃燃烧方式、恒定高爆压热力循环以及刚性低损集成结构，并结合 TRIZ 理论，不仅大大减少了发动机的碳排放，更降低了发动机的传热和机械损失，提高了热效率。

1 项目概述

中国对外宣布，中国将力争碳排放 2030 年前达到排放峰值，努力争取 2060 年前实现碳中和。在此背景下，CO_2 排放标准日益严格。发动机在工程、农业、海洋等国民生产领域得到广泛应用，是 CO_2 排放的主要去处，且发动机的功率密度、安全可靠性等优势使其具有不可替代性。因此，研究发动机减排的意义不言而喻。

针对上述问题，本作品创新性地采用了零碳高效内燃发电技术，经过与内燃发电机结构的优势结合，设计开发了往复式发电装置。该技术突破了氨燃料的柴油引燃限制，直接实现了氨燃料的高爆压压燃，燃烧唯一释放出的氮氧化物通过催化系统消除，并将催化反应产物进一步加工用于植物肥料，实现零碳排放。该技术突破了传统定容循环稳定燃烧与定压循环高热效率不兼得的限制，采用恒定高爆压热力循环，在控制压升率，维持氨燃料稳定燃烧的同时，最大限度地提升发动机热效率，达到 55.56%。该技术采用刚性低损集成技术，将高爆压定压燃烧氨燃料发动机与直线电极集成，简化了内燃发电机结构，大大降低发动机的机械损失。

为了揭示该作品的内在规律和原理，完全解决矛盾，获得最终的理想方案，在设计的过程中，该作品利用了 S 形曲线确定策略，之后利用了系统完备性法则、物场分析、76 个标准解、物理矛盾、40 个发明原理、九屏分析、特性转移、因果分析、资源分析、最终理想解、功能分析等 TRIZ 工具分析解决问题，大大加快了研发的进程且得到了相对理想的结果。

经模拟分析，该设计发电效率约为50%，相比普通氨燃料发动机，在同等功率条件下相比可提高效率近6%，相当于每年节省近8万吨氨燃料，合计约1.3亿元。若将本设计广泛应用于发电行业，在不增加全国发电机数量且不考虑其他发电方式的情况下，仅将目前现有柴油发电机换成该氨燃料高效燃烧发电装置，平均每年减少0.56亿吨CO_2排放（相当于种植30.74亿棵树木），因此具有广阔的应用前景。

2 创 新 点

在设计的过程中，首先对整个作品运用因果分析、九屏分析、生命曲线、资源分析以及功能分析等相关TRIZ工具（具体如图22.1～图22.4所示）进行系统分析，通过分析准确定位了当前发动机应用氨燃料存在的问题与限制，解决方向见表22.1～表22.2。

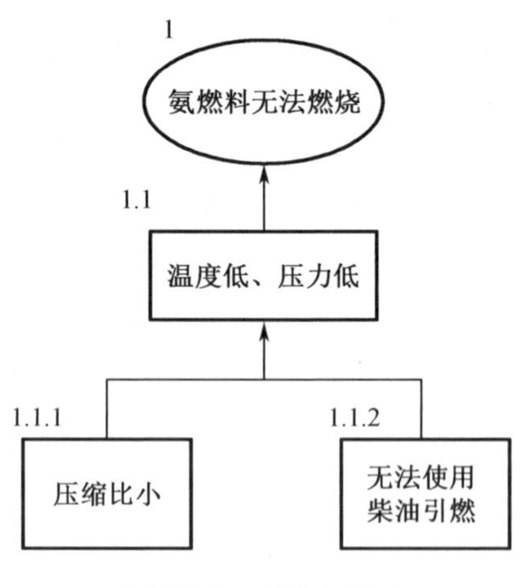

图22.1 因果分析1

表22.1 解决方向表1

序号	关键问题	具体方案	可行性指标
1	压缩比小	采用易点燃的氢作为燃料	Ⅱ
2		采用低碳的甲醇、二甲醚作为燃料	Ⅲ
3		采用两阶段压缩，大幅提升压缩比	Ⅰ
4	无法使用柴油进行引燃	采用其他低碳/零碳助燃剂引燃	Ⅲ
5		采用高爆压压燃的燃烧方式	Ⅰ

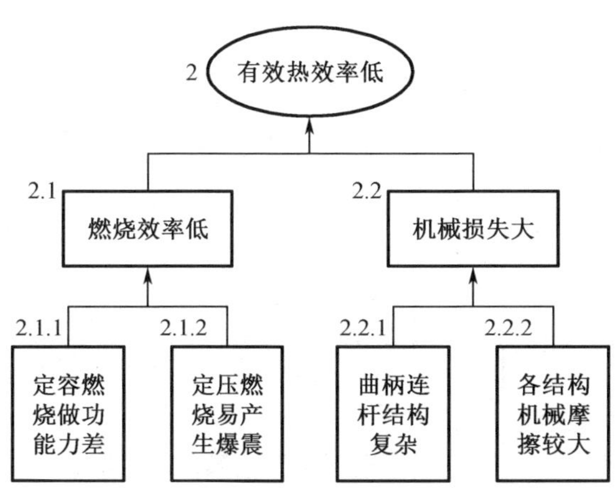

图 22.2　因果分析 2

表 22.2　解决方向表 2

序号	关键问题	具体方案	可行性指标
1	定容燃烧做功能力差	增大最高工作压力,与定压燃烧优势相结合	Ⅰ
2	定压燃烧易产生爆震	避免点燃时压力突增,与定容燃烧优势相结合	Ⅰ
3	曲柄连杆结构复杂	取消曲柄连杆机构,采用直线传动方案	Ⅰ
4		简化曲柄连杆机构	Ⅲ
5	各结构机械摩擦较大	优化整机结构,简化产生摩擦的结构	Ⅰ
6		加强运动件之间的润滑	Ⅱ

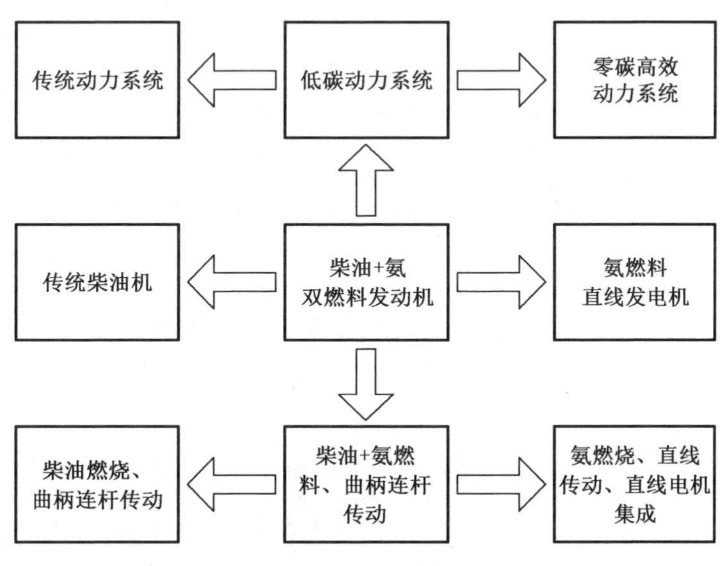

图 22.3　九屏幕图

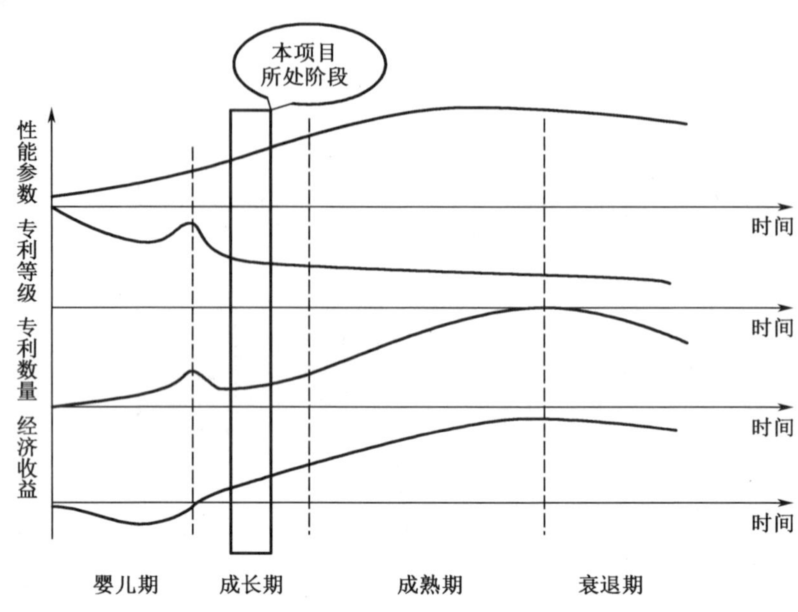

图 22.4　零碳高效内燃发电技术的 S 形曲线

并结合最终理想解(IFR)、系统完备性法则、物理矛盾的解决等 TRIZ 工具(具体如图 22.5 ~ 图 22.6 所示)突破设计限制,找到新的解决方案,完成改进与创新,形成三大创新点,见表 22.3 ~ 表 22.4。

表 22.3　最终理想解

问题	分析结果
设计者最终目标	发动机工况稳定,能够实现零碳高效发电
理想化最终结果	发动机能够将燃料内能全部转化为电能输出,且没有碳以及其他污染物排放
达到理想解的障碍	燃料无法充分燃烧,燃烧产生的热量无法全部转化为机械能,传动机构存在机械损失
出现这种障碍的结果	发动机效率下降
不出现这种障碍的条件	燃料完全且充分燃烧,燃烧放出的热量没有传热、传质损失,各机构之间不存在摩擦等损耗方式
创造这些条件所用的资源	燃烧模式、机械结构、发电结构

表 22.4　附加条件

序号	附加条件
1	可以适用于不同浓度的氨燃料
2	不存留和排放 NO_x 中间产物

表 22.4(续)

序号	附加条件
3	布置方便,可实现多机组合
4	可以随时实现启动、停机
5	降低制造成本

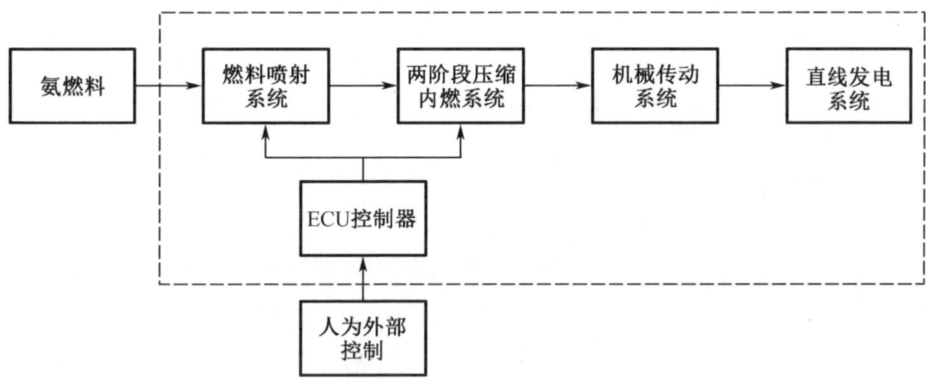

图 22.5　零碳高效内燃发电技术完备的技术系统

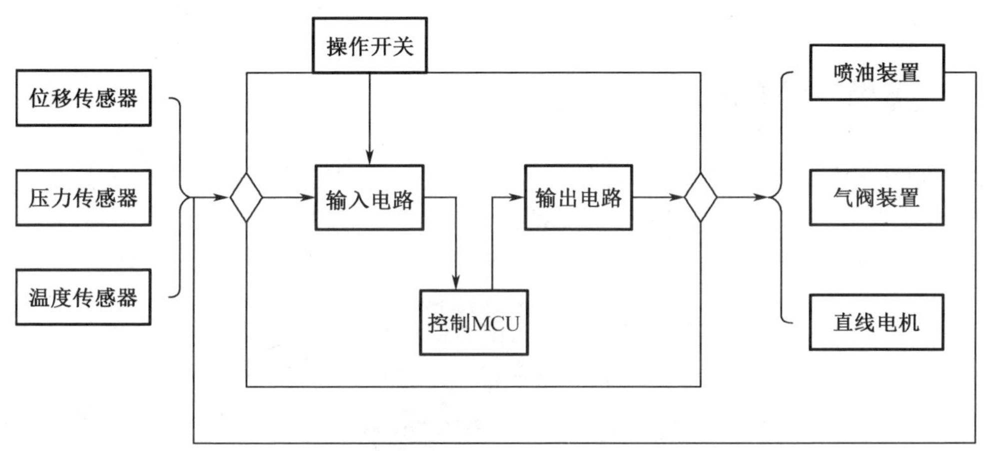

图 22.6　启动控制流程图

表 22.5 全部技术方案及评价表

序号	关键问题	具体方案	可行性指标
1	压缩比小	采用易点燃的氢作为燃料	Ⅱ
2		采用低碳的甲醇、二甲醚作为燃料	Ⅲ
3	无法使用柴油进行引燃	采用两阶段压缩,大幅提升压缩比	Ⅰ
4		采用其他低碳/零碳助燃剂引燃	Ⅲ
5		采用高爆压压燃的燃烧方式	Ⅰ
6	定容燃烧做功能力差	增大最高工作压力,与定压燃烧优势相结合	Ⅰ
7	定压燃烧易产生爆震	避免点燃时压力突增,与定容燃烧优势相结合	Ⅰ
8	曲柄连杆结构复杂	取消曲柄连杆机构,采用直线传动方案	Ⅰ
9		简化曲柄连杆机构	Ⅲ
10	各结构机械摩擦较大	优化整机结构,简化产生摩擦的结构	Ⅰ
11		加强运动件之间的润滑	Ⅱ
12	循环喷油时间难以控制	使用 ECU 控制器按照程序设定控制喷油装置的喷油器喷油的时刻	Ⅰ
13	凸轮配气机构不再适用	设计电磁式的气阀结构	Ⅰ

2.1 氨燃料高爆压压燃

传统发动机由于其结构、热负荷限制等难以满足氨燃料燃烧所需的极高压缩比。对此,本作品结合分析结果,采用高爆压压燃的燃烧方式,如图 22.7 所示。

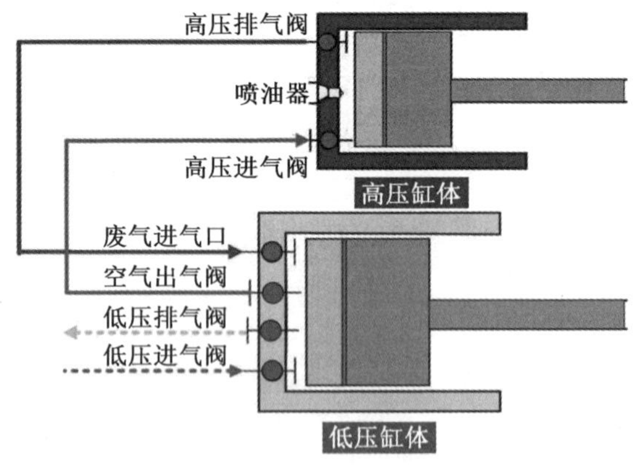

图 22.7 高爆压压燃示意图

相对于传统发动机的工作循环总是依托于单缸实现,该燃烧方式改为依托分离式循环。将气缸分为两组,一组气缸在低压工作,另一组气缸在高压工作。利用两组高低压气缸将发动机工作循环分解为低压循环与高压循环,其中燃油喷射与燃烧发生在高压循环。压缩与膨胀则分为两个阶段,分别在高压与低压循环中进行,如此一来,本作品突破了传统发动机使用燃料的限制,采用高爆压压燃的燃烧方式,两级压缩可极大提高压缩比,无须柴油引燃即可达到高爆压压力,直接实现氨燃料的压燃,进而实现零碳排放。

2.2 恒定高爆压热力循环

采用高爆压压燃燃烧方式的同时,也会给作品带来一定问题,如压升率过高、易产生爆震现象,使得发动机功率下降、容易损坏等,对此,该作品提出应用恒定高爆压热力循环,如图 22.8 所示。

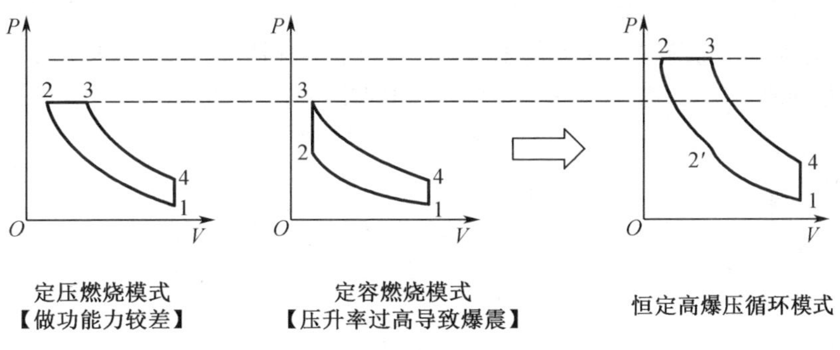

图 22.8　恒定高爆压循环示意图

恒定高爆压即在两阶段压缩提供的高压环境下,通过喷射氨燃料维持高爆压,最终在常规压缩比的条件下实现高爆压。而该热力循环则结合传统热力循环的优点,相比定容燃烧压升率过高易产生爆震,定压燃烧则做功能力较差,该热力循环在保证做功能力的同时又控制了压升率,维持氨燃料稳定燃烧,使得发动机的热效率得到最大限度地提升!

2.3 刚性低损集成技术

基于前两个创新点实现的氨燃料稳定燃烧所带来的高温高压环境,导致了一定的热负荷与机械损失,对此本作品第三大创新点就是设计刚性低损集成结构,如图 22.9 ~ 图 22.10 所示。

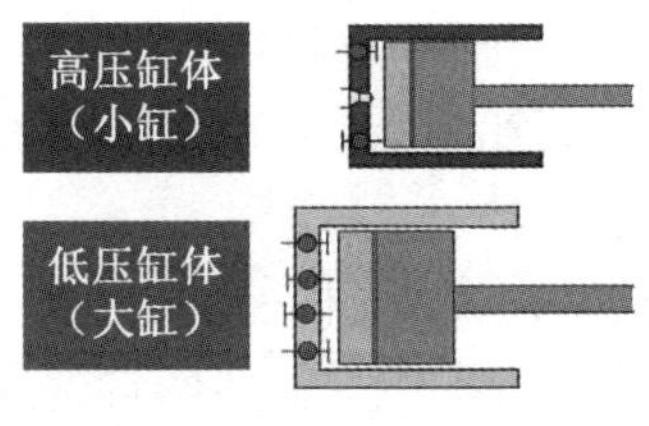

图 22.9　大小缸设计示意图

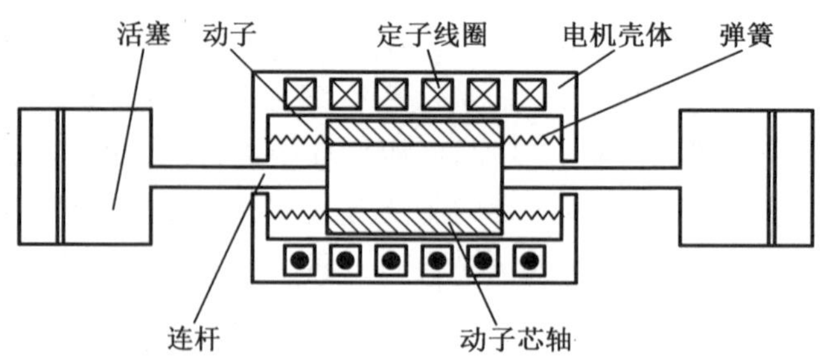

图 22.10　内燃发电集成装置

传统发动机的结构限制其机械效率，因此取消曲柄连杆，突破压缩比限制，并设计大小缸作为高低压缸，以此降低传热损失和机械损失，解决恒定高爆压热力循环在传统发动机上难以实现的问题。最后，考虑到取消曲柄连杆影响发动机的功率输出，本作品将发动机与直线电机耦合在一起集成设计，实现动力输出，不仅结构简单，减少机械损失，增大功率密度，而且提高了发电效率，实现节能效果；并设计优化相应的传动结构，在高低压活塞之间通过动子芯轴刚性连接，实现两套发动机组的同步动作，整机运行安全稳定。

3　关键技术点

3.1　循环设计

有两组高低压气缸，现将其分为左侧高和低压气缸、右侧高和低压气缸。在一个周期内左侧高和低压活塞从其上止点运动到其下止点，右侧高、低压活塞则从其下止点运动到其上止点：此时左侧低压气缸为进气行程，左侧高压气缸活塞为做功行程，右侧低压气缸为压缩行程，右侧高压气缸设置为压缩行程；接下来，左侧高、低压活塞从其下止点运动到其上止点，右侧高、低压活塞则从其上止点运动到其下止点：此时左侧低压气缸为压缩行程，左侧高压气缸为排气行程，右侧低压气缸为膨胀行程，右侧高压气缸为做功行程。至此，一个完整的工作循环结束。在持续工作状态下，内燃发电机重复执行循环过程即可维持稳定运行。

3.2　结构设计

将活塞连接轴与动子芯轴设计为刚性连接结构，实现高低压活塞同步运动，无需传动装置，大大减少结构复杂度，提高整机组运行的可靠性与稳定性，最大限度地降低了安全隐患和成本。

具体实施方式是：直线发电机组（包括壳体、动子芯轴、定子线圈以及发电机动子），其中动子芯轴（包括主轴体及两两对称固装在主轴体两端的连接轴）活动穿装在壳体上，所述定子线圈固装在壳体内且同轴套设在动子芯轴外部，而发电机动子同轴固装在主轴体上且位于定子线圈与主轴体之间。此外,四个连接轴的一端均与主轴体一体固接,另一端均位于壳体外部,与高低压气缸相连。

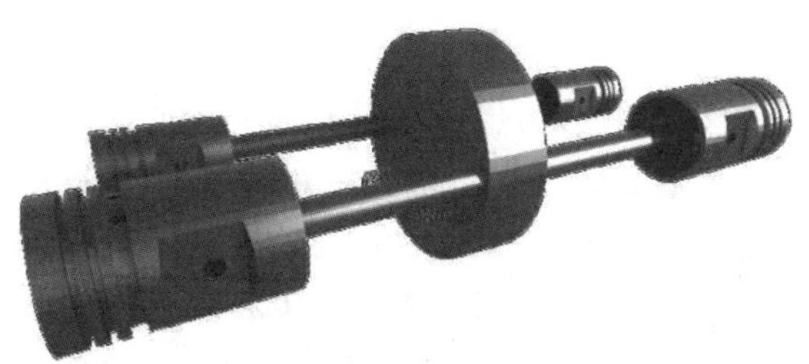

图 22.11　刚性连接体的三维结构

3.3　气路设计

将高低压气缸分为左侧气缸和右侧气缸。采用左侧低压气缸气阀与右侧高压气缸气阀连接,右侧低压气缸气阀与左侧高压气缸气阀连接的错位连接方式,使极限定压膨胀内燃发电机可以依据工作循环设计方案工作。气路连接方式设计如下:左侧低压气缸的空气出口阀通过中冷器与右侧高压气缸的高压进气阀连接,同时右侧高压排气阀通过废气连通管与左侧低压气缸的废气进气口连接;相应的,右侧低压气缸的空气出口阀通过中冷器与左侧高压气缸的高压进气阀连接,同时左侧高压排气阀通过废气连通管与右侧低压气缸的废气进气口连接。

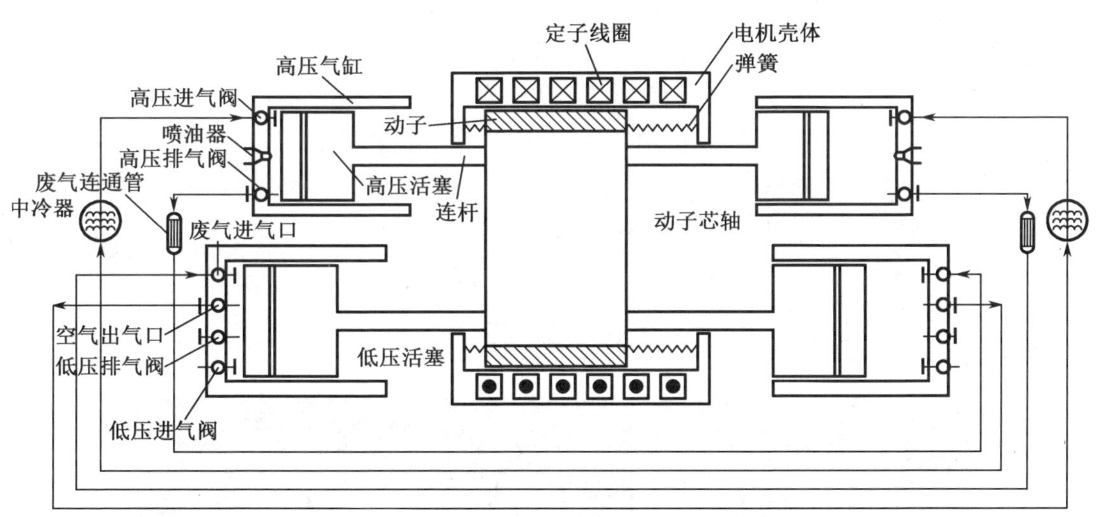

图 22.12　零碳高效内燃发电装置气路布置

4 市场前景

该作品节能减排效益显著，应用前景广阔，具有极大的市场推广价值。

基于三大创新点，可最大限度地提升发动机热效率，达到55.56%（理想条件下），若将本设计广泛应用于发电行业，在不增加全国发电机数量且不考虑其他发电方式的情况下，仅将目前现有柴油发电机换成该氨燃料高效燃烧发电装置，平均每年可减少0.56亿吨CO_2排放（相当于种植30.74亿棵树木）；且经模拟分析，该设计发电效率约为50%，相比普通氨燃料发动机，在同等功率条件下可提高效率近6%，相当于每年节省近8万吨氨燃料，合计约1.3亿元。

在国民经济生产领域中采用本作品可替代常用大功率发动机，不仅可以降低能耗，还可实现零碳高效发电，特别是对于需长期续航的船舶动力系统来讲，应用效果更佳；且使用氨燃料，清洁无污染，为实现“碳中和”提供新思路。

本发电技术适应当下全球节能减排的发展主题，主要应用于船舶海洋工程、工程机械、农用机械等领域，另外在矿山、野外工地、工厂、企业、医院等需求场所，都可作为备用电源或临时电源，发电效果明显，应用前景广阔。

5 导师评价

该作品特点鲜明、优势突出。首先，体现在对氨燃料的高效燃烧与利用，传统发动机使用低碳燃料仍停留在理论层面，且需柴油引燃才能实现氨燃料燃烧，进而造成额外碳排放，而本作品通过高爆压压燃实现氨燃料燃烧，无需引燃，零碳高效（还可减少NO_x排放）；其次，体现在高效热力传动的循环方式，本作品中的技术方案采用恒定高爆压循环方式，效率可达55.56%，为发动机高效燃烧提供新思路；最后，本作品还具有动力结构简单高效，刚性连接运行可靠、适于推广、功率密度高、续航能力强等优势。

6 风采展示（图22.13～图22.15）

(a) 活塞

(b) 中冷器

图22.13 作品模型零部件展示

图 22.14　作品模型整体展示

图 22.15　参赛照片